哲学的门槛

8堂极简哲学课

[英]奈杰尔·沃伯顿◎著

王玉珏◎译

Philosophy:
The Basics

Fifth Edition

Nigel Warburton

新华出版社

图书在版编目（CIP）数据

哲学的门槛：8堂极简哲学课：第五版 / (英) 奈杰尔·沃伯顿著；王玉珏译.
北京：新华出版社，2023.8
书名原文：Philosophy：The Basics(5th Edition)
ISBN 978-7-5166-6927-3

Ⅰ.①哲… Ⅱ.①奈… ②王… Ⅲ.①哲学－西方国家－通俗读物
Ⅳ.①B5-49
中国国家版本馆CIP数据核字（2023）第141710号
著作权合同登记号：01-2019-4968

哲学的门槛：8堂极简哲学课（第五版）

作　　者：[英] 奈杰尔·沃伯顿　　　　译　　者：王玉珏

出 版 人：匡乐成　　　　　　　　　　责任校对：刘保利
责任编辑：樊文睿　　　　　　　　　　封面设计：李尘工作室

出版发行：新华出版社
地　　址：北京石景山区京原路8号　　邮　　编：100040
网　　址：http://www.xinhuapub.com
经　　销：新华书店、新华出版社天猫旗舰店、京东旗舰店及各大网店
购书热线：010－63077122　　中国新闻书店购书热线：010－63072012

照　　排：六合方圆
印　　刷：三河市君旺印务有限公司

成品尺寸：145mm×210mm　1/32
印　　张：8.25　　　　　　　　　　　字　　数：140千字
版　　次：2023年11月第一版　　　　印　　次：2023年11月第一次印刷

书　　号：ISBN 978-7-5166-6927-3
定　　价：49.00元

版权专有，侵权必究。如有质量问题，请与出版社联系调换：010-63077124

献给我的母亲

哲学的门槛

"《哲学的门槛》一直是市面上最值得推荐的哲学入门读物，这一点它当之无愧。沃伯顿的文字耐心、准确，而且最重要的是清晰。再没有比这更好的哲学入门书籍了。"

——斯蒂芬·劳（Stephen Law）[《哲学健身房》（*The Philosophy Gym*）作者]

《哲学的门槛》以轻松愉快的笔触，将读者缓缓引入哲学的世界。每章讨论一个重要的哲学领域，解释探究其基本理念和主旨，包括：

- 你能证明上帝的存在吗？
- 如何区分对与错？
- 应该怎样对待非人类动物？
- 言论自由的边界是什么？
- 你知道科学是怎样运作的吗？
- 心灵和身体是一回事吗？
- 你能定义艺术吗？

奈杰尔·沃伯顿在这本畅销书的第五版中，增添了一章关于动物的章节，对其他章节做了修订，并对延伸阅读部分进行了更新。如果你曾有过"什么是哲学？"的困惑，或是好奇世界是否真是如你心中所想，那么这本书也许能为你带来答案。

奈杰尔·沃伯顿，英国开放大学高级讲师，著作包括《从〈理想国〉到〈正义论〉》《哲学：基础研究指南》《从A思考到Z》及《论文写作基础》，均由劳特利奇出版社出版。他与大卫·埃德蒙兹共同创办的哲学播客网站Philosophy Bites广受大众欢迎。

序 言

　　我在本书的第五版中，新添了一个短章——"动物"，对全书其他章节做了细微修正和补充，并更新了延伸阅读书单。此外，我还创建了网页（网址为：www.philosophythebasics.com），为读者提供包括播客等网上相关资源的链接。

　　我谨在此对所有曾为本书书稿各章节提出建议，以及以其他方式帮助我完成本书的朋友表示感谢。特别是：亚历山德拉·亚历山德里（Alexandra Alexandri），冈南·阿纳森（Gunnar Arnason），珍妮弗·伯吉斯（Jennifer Burgess），因加·伯罗斯（Inga Burrows），埃里克·布彻（Eric Butcher），迈克尔·卡米尔（Michael Camille），西蒙·克里斯马斯（Simon Christmas），莱斯利·科恩（Lesley Cohen），艾玛·科特（Emma Cotter），蒂姆·克莱恩（Tim Crane），休·德里－彭茨（Sue Derry-Penz），安吉·多兰（Angie Doran），阿德里安·德里斯科尔（Adrian Driscoll），大卫·埃德蒙兹（David

Edmonds），古伯·福克斯（Goober Fox），乔纳森·胡里根(Jonathan Hourigan)，罗莎琳德·赫斯特豪斯(Rosalind Hursthouse)，保罗·杰弗里斯（Paul Jefferis），玛丽亚·卡斯米利（Maria Kasmirli），约翰·金贝尔（John Kimbell），斯蒂芬·劳（Stephen Law），罗宾·勒·波伊德温（Robin Le Poidevin），乔治亚·梅森（Georgia Mason），休·梅勒（Hugh Mellor），亚历克斯·米勒（Alex Miller），安娜·莫兹（Anna Motz），彭妮·奈特尔（Penny Nettle），亚历克斯·奥伦斯坦（Alex Orenstein），安德鲁·派尔（Andrew Pyle），阿比盖尔·里德（Abigail Reed），安妮塔·罗伊（Anita Roy），罗恩·圣托尼（Ron Santoni），海伦·西姆斯（Helen Simms），珍妮弗·特拉斯特德（Jennifer Trusted），菲利普·瓦西里（Phillip Vasili)，斯蒂芬妮·沃伯顿(Stephanie Warburton)，泰莎·瓦特（Tessa Watt），乔纳森·沃尔夫（Jonathan Wolff），基拉·祖拉夫斯卡（Kira Zurawska），以及出版社的匿名读者。

奈杰尔·沃伯顿

牛津，2012

www.nigelwarburton.com

www.virtualphilosopher.com

www.philosophybites.com

www.twitter.com/philosophybites

目 录

CONTENTS

第五章　表象和现实 / **134**

导　论

　　什么是哲学？这是个众所周知的难题。最简单的回答是：哲学就是哲学家做的事，然后你还可以列举出各大哲学家及其著作：柏拉图、亚里士多德、笛卡尔、休谟、康德、罗素、维特根斯坦、萨特等等。不过，如果你是一个哲学新手，这些哲学家的书你可能一本都没读过，那么这个回答恐怕没什么说服力。而且，就算你已经对这些经典略知一二，要指出它们之间有何共通性（如果存在的话）恐怕仍是不易。对于这个问题，你还可以回答说，哲学是从意为"爱智慧"的希腊单词衍化而来。但这种解释相当模糊，甚至比"哲学就是哲学家做的事"更模棱两可。所以，我们需要对何为哲学做些非常一般性的解释。

　　哲学是一种行为：是思考某类特定问题的一种方式。哲学最显著的特点是其对于逻辑论证的使用。哲学家的主要工作是跟各种论证打交道：要么提出自己的论证，要么反驳其他人的论证，要么二者兼有。哲学家也会分析、阐明概念。然而，"哲学"一词的用法却宽泛得多，比如，它常用来表示一个人对生命的总体看法，或是某种神秘主义。在本书中，我所说的"哲学"并非这种宽泛意义上的哲学，我的目的是尽可能清晰地对传统"哲学"中的一些重要领域做出解释。

传统意义上的哲学始于古希腊，繁盛于 20 世纪，并主要在欧洲、北美、澳大利亚和新西兰盛行，如今看来，也将会在 21 世纪继续延续。

那么，传统的哲学家都在争论什么呢？其实，他们探究的常是大多数人的基本信念。哲学家所关注的问题可粗略称为"生命的意义"，这些问题涉及宗教、是非观、政治、现实的本质、心灵、科学、艺术等等主题。大多数人在生活中从未质疑过自己的基本信念，比如杀人（Killing）是错的。但是，杀人为什么是错的呢？杀人在任何情况下都是错的吗？如果是自我防卫导致的呢？如果是对动物进行安乐死呢？而且，这里的"错"又是什么意思呢？这些就是哲学问题。当我们审视自己的信念时，我们会发现，有许多信念根基牢固，但也有一些就没那么绝对了。学习哲学不仅能帮助我们看到自己的偏见，也能使我们厘清自己的信念。此外，我们还能从这一过程中培养条理清晰的分析能力，并且在面对各种问题时举一反三。

哲学和哲学史

自苏格拉底时代起，杰出的哲学家不在少数，我在前文已列出了一些。一本哲学入门读物可以从哲学史开始，按年代顺序分析这些哲学家所作的贡献。但这不是我要做的事，在本书中，我将采用主题叙述的方式：每个主题关注特定的哲学问题而非哲学史。当然，哲学史自有其迷人之处和重要意义，许多经典哲学文章也是文采斐然，比如柏拉图的《苏格拉底对话录》、勒内·笛卡尔的《沉思录》、大卫·休谟的《人类理智研究》，以及弗里德里希·尼采的《查拉图斯特拉如是说》等。这些巨作无论在何种衡量标准下都堪称写作典范。虽然学习哲学史十分重要，但本书的目的是为读者提供一种工具，让读者自主地思考哲学问题，而非单纯地解释这些伟大哲人的思想。

并非只有哲学家才对哲学问题感兴趣，这些问题会在人类的生活中自然产生，即便许多人从未了解过哲学，也会自然而然地想到它们。

任何严谨的哲学研究都应该包含历史和主题两个方面，因为如果不了解早期哲学家提出的论证和错误，我们就不可能在这一学科上做出重大贡献。如果没有历史知识，哲学家就永远不会进步：他们会一直犯前人已经犯过的错误，并且，许多哲学家的理论都是建立在前人的错误之上的。但是，由于本书篇幅有限，我们无法翔实地介绍各个哲学家的工作。如果读者想要了解本书所探讨主题的历史背景，可以参考每章最后的延伸阅读内容。

为什么要学习哲学？

有人说，学习哲学根本没用，因为哲学家每天就是坐在那里争论不休、玩文字游戏，他们似乎从未得出过任何有用的结论，并且对社会几乎没有丁点贡献。哲学家争论的问题与古希腊先哲争论的问题仍无二致。哲学似乎没有改变任何事；哲学让一切都保持原样。

学习哲学究竟有何意义？质疑生活中的基本信念甚至会带来危险：我们或许会因为问得太多而什么都做不了。的确，在讽刺漫画里，哲学家的形象就是：在牛津或剑桥的公共休息室里，他们舒服地坐在扶手椅上，思考着艰深的抽象问题，但却在实际生活中笨手笨脚——能够侃侃而谈黑格尔哲学中最复杂的篇章，却搞不清怎样把鸡蛋煮熟。

经过审视的生活

学习哲学的一个重要原因是，哲学所探究的是有关我们存在意义的根本问题。

大多数人都在生命中的某个时刻问过自己一些基本的哲学问题：我们为什么存在？是否有证据证明上帝的存在？我们的生命有意义吗？如何分出事物的对与错？存在正当的违法行为吗？我们的生活是否只是一场梦？心灵和身体是一回事吗？或者说，我们仅仅只是物理性的存在吗？科学是如何进步的？动物有权利吗？艺术是什么？等等。

在大多数哲学学习者看来，每个人都应该仔细思考这些问题。一些人甚至认为，未经审视的人生不值得一过。日复一日地生活在这个世界上，却从未认真审视过生活赖以为基础的各种原则，那就像开着一辆从未经过检修的车。你或许可以相信刹车、方向盘、引擎等等部件都没问题，因为它们迄今为止都没出过差错；但是你也可能完全搞错了状况：刹车片或许已经坏了，而当你最需要它们的时候，这些故障就会打你个措手不及。支撑生活的各种原则也是一样，不经过审视，谁也不能确定它们是不是正确的。

不过，即使你仍对生活的基本原则持乐观态度，并且对此没有太大疑虑，你的生活也可能会因为你停止锻炼自己的思考能力而变得索然无味。许多人觉得，思考这些根本性的问题，要么太费精力，要么繁杂恼人：他们更愿意愉快、舒适地活在自己的偏见里。但是也有一些人有着强烈的欲望：想要为这些具有挑战性的哲学问题寻求答案。

学会思考

学习哲学的另一个理由是，它能让你用更清晰的思维方式思考各种问题。哲学思维在许多情况中都大有用处，因为这种思维方式是通过分析某种立场的正反面论证而得出结论，因此我们从中学习到的技能也适用于生活的其他领域。许多学习哲学的人将自己的哲学技能应用在各行各业，比如法律、计算机编程、管理咨询、政府公职、新闻工作等——

所有需要清晰思维能力的行业。哲学家转行到艺术领域时，他们从思考人类生存本质中得来的见解也常常大有裨益：许多哲学家也是成功的小说家、评论家、诗人、电影制作人和戏剧作家。

愉悦

学习哲学还有一大好处，那就是对许多人而言，这一行为能够令人感到愉悦。对于这一点，我还要多说几句，因为大家可能会觉得哲学行为就跟玩填字游戏差不多。确实，这跟一些哲学家有时的做法很像：一些专业的哲学人士痴迷于解决晦涩难懂的逻辑谜题，将谜底发表在只有内行才看得懂的专业期刊上。此外还有一些在大学工作的哲学学者把自己看作"生意"的一部分，发表些没什么含金量的文章，这样他们就能"向上走"，谋个升职机会（发表文章的数量是决定升职人选的因素之一）。他们的快乐来源于发表的文章、上涨的薪水以及升职带来的名望。不过好在，许多哲学研究的水平都在此之上。

哲学难吗？

哲学常被描述为一门晦涩难懂的学科。学习哲学的困难有很多种，其中一些是可以避免的。

诚然，专业哲学人士所探讨的许多问题对抽象思维的要求相当高，但这对于任何探索知识的学科都是一样：从这点来说，哲学与物理、文学评论、计算机编程、地质、数学或历史并无二致。不论是列举出的这些，还是其他领域的研究，虽然要在这些学科中做出重大、原创性的贡献确实不易，但这并不能作为拒绝让普通人了解学科进展的借口，也不能因此阻碍人们学习这些学科的基本方法。

不过，另一类与哲学相关的困难是可以避免的。哲学家并不都是好的作家，许多哲学家都不擅于表达自己的思想。有时是因为他们只在意很小一部分专业读者，只要这部分人能懂就够了；有时是因为他们使用了复杂的术语，而这完全没有必要，并且只会让外行感到困惑。专业术语有时很有用，因为这可以避免在每次提到同一概念时都做解释。不过不幸的是，有些哲学家是为了使用术语而使用术语：许多人放着与之完美对应的英文说法不用，偏要讲些拉丁词组。文中若是充斥着陌生词汇，或者词汇的陌生用法，那就着实令人望而生畏了。一些哲学人士仿佛说的、写的都是他们自己发明的语言，这让哲学看起来远比它实际的样子要困难。其实，这可能只是那些二流哲学人士的一种障眼法。

在本书中，我已尽量避免使用不必要的术语，而且在相应的章节中对所有大众不熟悉的专业术语进行了解释。我在每章末推了一些更晦涩的哲学书籍，这些基本词汇对于理解它们来说应该已经足够。

哲学的局限

一些哲学学习者对这一学科抱有不切实际的高期待。他们希望哲学能像一幅画一样完全且详尽地展现出人类的困境，并且认为哲学能让他们看清生活的意义，然后对我们复杂生活的方方面面做出解释。我要说的是，尽管学习哲学能够阐明有关我们生活的根本性问题，但要想从中获得像画一样清晰的东西（如果真的有的话）是不可能的。哲学的学习并不能替代对艺术、文学、历史、心理学、人类学、社会学、政治和科学的学习。这些学科关注人类生活的不同方面，各有其独特的视角。每个人的生活都会有些地方与哲学分析相悖，这一点对于其他任何类型的分析也是一样。所以，不要对哲学抱有太高期待。

如何使用本书

我已经强调过，哲学是一种行为。所以读者不能被动地阅读本书。虽然读者也可以通过阅读书中举出的各种论证，学习到许多哲学家使用的基本论证方法，但仅靠这样是无法习得哲学探讨的能力的。

因此，读者最好带着批判的眼光阅读本书，不断地对书中的论证提出质疑并思考其反证。本书旨在激发读者自己的思考，而非灌输理念。如果读者能批判性地阅读本书，必能发现其中有许多与自己想法相悖的地方，这一过程也能使读者厘清自己的信念。

虽然我会尽量让没有学过哲学的人都能读懂此书，但其中一些章节难免较为晦涩。许多人都思考过上帝是否存在的问题，并且已经了解过一些正反方的论证，所以关于上帝的一章会相对容易理解。但很少有非哲学专业的人会思考其他章节的主题，比如现实、心灵，以及对与错一章中最抽象的部分。这些章节，尤其是心灵那一章，可能需要较长的阅读时间。我建议读者先浏览全文，然后再返回去阅读自己比较感兴趣的章节，而不是一章接着一章缓慢地阅读，不然可能会被细节淹没，反而注意不到各论证之间的联系。

另外，"逻辑"本应是哲学书籍中的一个重要主题，但因为本书篇幅有限且面向大众，而逻辑这一议题的专业性太强，无法在书中展开详尽探讨，所以我将其舍去不论。

对于哲学专业的学生来说，本书不仅能够巩固课堂知识，还有助于提高论文写作能力：我对每个主题都做了总结，列出了其主要的哲学论证方法及其反证。这应该能为论文提供不少好的素材。

❀ 延伸阅读

本人所著的《哲学：基本读物》（第二版，伦敦：劳特利奇出版社，2004 年）是一系列文章和摘录的合集，与本书结构相当，可作为本书的补充阅读。由约翰·科丁汉编著的《西方哲学选集》（牛津：布莱克威尔出版社，1996）适合想要了解更多哲学历史的读者。

托马斯·内格尔所著《你的第一本哲学书》（牛津：牛津大学出版社，1987）内容简明扼要，是很好的哲学入门读物。

斯蒂芬·劳所著的《哲学体操：25 个短小思考冒险》（伦敦：Review 出版社，2003）采用对话、故事以及更传统的叙述方式来介绍哲学，内容生动有趣。斯蒂芬·劳还有其他两本著作，虽然主要受众是青少年，但也同样值得推荐：《哲学档案》（伦敦：猎户星出版社，2002；美本名为《哲学石块》）以及《极限》（伦敦：猎户星出版社，2003）。西蒙·布莱克本所著的《思考》（牛津：牛津大学出版社，2001）虽然部分内容较难理解，但值得一读。布莱恩·马吉所著的《伟大的哲学家》（牛津：牛津大学出版社，1987）是一本很好的哲学史入门读物，该作以 BBC 同名电视节目作为蓝本，其中包含了作者与一些现代哲学家之间关于先哲的讨论。本人所著的《从〈理想国〉到〈正义论〉》（第三版，阿宾顿：劳特利奇出版社，2006）聚焦 27 本哲学经典，讨论了从柏拉图的《理想国》到罗尔斯的《正义论》等一系列哲学书籍。爱德华·克雷格所著的《哲学：超简入门》（牛津：牛津大学出版社，2002）也通过经典著作对哲学做了简要介绍。

安东尼·弗卢所著的《哲学词典》（伦敦：Pan 出版社，1979）和 A. R. 莱西所著的《哲学词典》（伦敦：劳特利奇出版社，1976）都是很好的参考资料。尼古拉斯·邦宁和E. P. 崔－詹姆斯所著的《布莱克威尔哲学伴侣》（牛津：布莱克威尔出版社，1996）介绍了哲学这一学科的核心概念以及主要的哲学思想家。如果你能在图书馆找到爱德华·克雷格所著的《劳特利奇哲学百科全书》（伦敦：劳特利奇出版社，1998），此书也绝对值得一读，它包含了哲学所有核心主题的最新条目，并且内容十分详细。

由英国皇家哲学研究所刊发、斯蒂芬·劳主编的杂志《思考》通俗易懂、生动有趣，探讨的话题范围十分广泛。此刊物一年三刊，更多详细信息可登录网址：www. royalinstitutephilosophy.org/think。《哲学家杂志》也是哲学爱好者的必读刊物，杂志网址为：www.philosophers.co.uk。此外，《时下哲学》的杂志网址为：www.philosophynow. org。如果你想要了解哲学家们所使用的各种论证方法，我推荐下列书籍：本人所著的《从 A 想到 Z》（第三版，伦敦：劳特利奇出版社，2007），安东尼·韦斯顿所著的《论证规则手册》（第二版，印第安纳州，印第安纳波利斯：哈克特出版社，2001），安妮·托马斯所著的《批判性推理》（第二版，伦敦：劳特利奇出版社，2001），亚力克·费希尔所著的《批判性思维：入门》（剑桥：剑桥大学出版社，2001），以及迈克尔·克拉克所著的《从 A 到 Z 的悖论》（伦敦：劳特利奇出版社，2002）。本人所著的《哲学：学习指南》（伦敦：劳特利奇出版社，2004）介绍了基本的哲学学习方法。

关于清晰写作及其重要性，我推荐乔治·奥威尔的文章"政治与英语"，此文收录在《企鹅经典：乔治·奥威尔文集》（伦敦：企鹅出版社，1990）中。如果需要更实用的建议，可以阅读欧内斯特·高尔斯所著的《通俗易懂的话》（伦敦：企鹅出版社，1962）和由迪亚内·柯林森、吉莉恩·柯卡普、罗宾·基德和琳内·斯洛科姆所著的《简明英语》（第二版，米尔顿凯恩斯：开放大学出版社，1992）。本人所著的《论文写作基础》（阿宾顿：劳特利奇出版社，2006）也是一本关于人文学科的写作入门读物。

❋ 网络资源

此外还有许多播客、视频等线上学习资源。我在下述网址中列出了一部分：www.philosophythebasics.com，你也可以在推特上关注我（www.twitter.com/philosophybites），获取更多有趣的线上哲学资料。

第一章
上 帝

上帝存在吗？这是一个根本性的问题。大多数人都在生命中的某个时刻思考过这个问题，而答案不仅影响着我们每个人的处事方法，还有我们对世界的认知和解释，以及对未来的期待。如果上帝存在，那么人类的存在或许是有意义的，我们甚至可以希望获得永生；但如果上帝不存在，那我们就必须为自己的生活创造意义：人类不再由外界赋予其任何意义，死亡或许就是结束。

当哲学家将目光投向宗教时，他们通常会审视支持和反对上帝存在的各种论证，衡量其中列举的证据，并仔细分析各个论证的结构及含义。他们还会考察信仰和宗教信仰等概念，试图搞清人们谈论上帝的方式。

大多数宗教哲学的出发点是一个十分普遍的关于上帝本质的学说，即所谓的有神论（Theism）。这一学说认为，世间存在一个上帝，他／她无所不能、无所不知，并且十分仁慈。大多数基督教徒、犹太教徒和伊斯兰教徒都持有这种观点。在此，我将重点讨论基督教的上帝观，但其中的大多数论证也同样适用于其他有神论宗教,有些甚至可以适用于所有宗教。

不过,有神论者所描述的上帝真的存在吗?我们能够证明吗?一个理智的人是否应该采取无神论(Atheism)的立场,相信根本没有上帝存在?又或者持不可知论(Agnosticism),认为一切都悬而未决,选择两方都不相信(或者说保持中立)才是正确的态度?许多论证都意在证明上帝的存在,我将在本章讨论其中最重要的一些论证。

设计论

最常用于证明上帝存在的论证之一是设计论(the Design Argument),也称为目的论(the Teleological Argument,源于希腊单词 telos,意为"目的")。设计论认为,自然界中的一切都井然有序、各司其职:每样事物都显示出经过设计的证据。这意味着自然界存在一个创造者。以人类的眼睛为例,如果我们仔细观察,就会发现眼睛的各个微小部分互相契合,每一处都各有作用,共同服务于眼睛最重要的功能:看。

威廉·佩利(1743—1805)等设计论的支持者认为,像眼睛这样构造复杂、运作高效的自然之物就是证明上帝存在的最好证据。不然,这些物体为什么会是这般呢?他们还提出,正如我们看到表就知道这一定是由表匠设计的,我们只需看到眼睛就能知道它一定是出自某个神间表匠之手。这就像是上帝故意将自己存在的痕迹留在了人类世界。

这是一种由结果推向原因的论证：我们看见结果（钟表或是眼睛），然后分析它，试图找出原因（表匠或是神间表匠）。这种论证所依赖的理念是：一类被设计的物体在某些方面与另一类天然物体十分相似，比如钟表和眼睛。这种基于两类物体相似性的论证就是类比论证（Argument from Analogy）。而类比论证的基本原则是：如果两类物体在某些方面相似，那么它们在其他方面也是一样。

设计论者认为，环顾四周，尤其是在自然界中，我们处处都能发现进一步证实上帝存在的证据——无论是树木、峭壁、动物、星辰或是其他任何东西。这些东西远比一块表复杂，因此神间表匠也一定比人间的表匠聪明百倍。实际上，这个神间表匠一定十分强大、极其聪明，这样才符合传统有神论者所理解的"上帝"形象。

不过，设计论也有不少有力的反证，比如哲学家大卫·休谟（1711—1776）在其著作《自然宗教对话录》和《人类理智研究》的第十一章中提出的论证。其中《自然宗教对话录》在他死后才得以发表。

设计论的反证

类比的薄弱性

设计论的反证之一提出，设计论所基于的类比理论并不牢固：设计论想当然地认为自然物和已知的设计物之间存在显著的相似之处。但是，拿同样的例子来说，眼睛并非在任何重要的方面都与钟表类似。这种论证由类比理论引出，其基点就在于相比较的二者之间存在高度的相似性。但是，如果这种相似性很弱，那么基于这种对比而得出的结论也就经不起推敲。举例来说，腕表和怀表显然足够相似，因此我们才可以推测它们都是由表匠制造的。但是钟表和眼睛之间虽然也有相似性——它们都结构复杂、功能特定且运作高效——但却相当微弱，那么基于这种类比所得出的结论自然也十分牵强。

对此，有神论者可能仍会坚称，比起纯偶然的出现，某个至高的存在设计出了眼睛的可能性更大。

进化论

自然界动植物的功能为何具有极高的环境适应性，神间表匠的理论并不是唯一可能的解释。查尔斯·达尔文（1809—1882）在其著作《物种起源》中提出的进化论（Theory of Evolution）就是尤其为大众所接受的另一种解释。达尔文认为，进化论的本质是自然选择，他在书中也描述了这一过程，即最适应环境的动植物更可能生存下来，并将其特性传给后代。后来，科学家在此基础上发现了进化机制是由遗传基因所控制的。这一系列科学进展在不引入上帝的前提下，解释了为何动植物世界会呈现出令人惊叹的环境适应性。

当然，达尔文的进化论并没有反对上帝的存在——事实上，许多基督教徒都认为进化论是目前为止植物、动物及人类演变最好的解释：他们认为是上帝创造了进化机制。但进化论或多或少也削弱了设计论的论证力度，因为进化论解释了同样的现象，却未提及上帝在其中的作用。而且，既然存在这种解释生物适应机制的理论，那么设计论就无法确凿地证明上帝的存在。

结论的局限性

不过，即使上述反证仍不能说服你，你也该注意到，设计论本身并不能证明存在一个全知、全能、全善且唯一的上帝。如果我们进一步探究设计论，就会发现其结论在很多方面都具有局限性。

首先，设计论完全不能证明上帝的唯一性——只存在一个上帝。就算你相信世界及世间万物都存在明显经过设计的证据，也没有理由认为这些都是由一个上帝设计的，为什么不能是一群地位较低的上帝一起设计的呢？毕竟在人类世界，诸如摩天大楼、金字塔、航天火箭等等大型且复杂的建造物，都是由各个团队完成的。那么，如果严格按照类比理论进行逻辑推理，结论就应该是：世界是由一群上帝共同设计的。

其次，设计论也不能证明神间设计者（或一群神间设计者）一定是全能的。不夸张地说，宇宙中存在着不少"设计缺陷"。比如，人的眼睛容易近视，年纪大了还会得白内障——很难想象一个全能的造物主，怀着创造出最好世界的愿望，最终成果却如此不尽如人意。看到这样的事实，难免会有人认为宇宙的设计者远不是全能的。设计者或许只是一个或一群能力较弱的上帝，甚至可能是一个经验不足的上帝，而建造宇宙只是他或她对自己能力的一次试验；又或许设计者在创造完宇宙不久后就去世了，只留得它自生自灭。在设计论中，以上结论的成立证据和有神论者所描述的上帝的存在证据至少一样多。所以，设计论本身并不能证明只存在有神论者所宣称的上帝，而不存在其他类型的上帝（们）。

最后，就宇宙的设计者是否全知全善这一问题，许多人都会发现，世界上存在太多罪恶，这一结论也由此难以令人信服。从人类的残忍、谋杀、虐待，到自然灾害和疾病，不一而足。如果如设计论所说，我们四周都是上帝造物的证据，那么许多人都会难以接受，身边的这些罪恶竟是由一位仁慈的造物主所创造的。一位全知的上帝理应知晓世间确有罪恶；一位全能的上帝应有能力阻止罪恶出现；而一位全善的上帝则不会放任罪恶存在。但罪恶却从未消失。这极大地挑战了有神论者的上帝信仰，哲学家们也就此进行了许多辩论。这就是"罪恶问题"（the Problem of Evil）。我们将在后文对此问题及其解决方法做详细探讨。但在此，这至少能让我们开始怀疑，设计论是否能够为一个至高无上的上帝提供确凿的存在证据。

从上述讨论中，我们可以看到，设计论最多只能得出极其有限的结论，即世界及世界中的一切是由某物或某人所设计的，而除此之外的其他结论恐怕都超出了逻辑推理的范畴。

微调论

虽然设计论的反证相当有力，但是近来，一些思考者已经试着为由设计论演变而来的另一种论证作辩护，即人择原理（Anthropic Principle）。

人择原理认为，世界有利于人类生存和发展是极小概率事件，因此这一定是某位神间建筑师的杰作。按照人择原理，人类进化、生存的事实就是上帝存在的证明。上帝一定控制着宇宙中的物理条件，并对其进行微调以创造出刚好让人类得以进化的环境。科学研究证实，宇宙需要在合适的起始条件限度内才能孕育生命，微调论便以此作为其支撑论据。

微调论的反证

买彩票

微调论有一大反证。假设你买了一张彩票，同时可能还有好几百万人也买了这期彩票，但只有一个人能中头奖。从统计学意义上来说，你中奖的概率几乎为零，但事实上，中奖的那个人有可能就是你。要是你真的中奖了，除了能说明你的运气真的很好之外，其他什么也说明不了。这件事并不能证明你是冥冥之中在几百万人里被选中得奖的人，而不是随机抽中的。如果你比较迷信，你或许会解读出各种迹象，来表明你中彩票是命运使然，但是任何在统计学意义上极不可能发生的事仍有可能发生。微调论的拥护者所犯的错误在于：当极不可能的事情发生时，他们认为一定有比自然出现更加可信的解释。我们此时此地出现在宇宙中，这根本用不着依赖于超自然原因就能解释得通。我们出现在一个各条件都恰好适宜于人类发展的宇宙，这件事并无稀奇之处，反正人类在其他地方也没法生存。因此我们的出现并不能作为上帝存在的证据。此外，微调论也解释不了上述传统设计论的反证。

第一原因论

设计论及由其演变而来的微调论都是基于对世界的直接观察。哲学家称这种论证方法为经验论证（empirical argument）。但是，第一原因论（the First Cause Argument），有时也称为宇宙论（the Cosmological Argument），却是仅仅基于宇宙存在这一经验事实，而非宇宙所呈现出的任何具体特征。

第一原因论认为，万事万物都必有先因：任何事物都不可能无缘无故出现。既然我们已经知道宇宙是存在的，那么我们就可以假设必定有一系列的因果关系使得宇宙存在。如果我们顺着这些因果关系往前回溯，就会找到一个最初的原因，即第一原因。而第一原因论告诉我们，这个第一原因就是上帝。

不过，和设计论一样，第一原因论也有不少反证。

第一原因论的反证

自相矛盾

第一原因论基于这样一种假设，即每个事物都是由另外的事物所引起的，但是它之后却得出了一个自相矛盾的结论，即上帝是一切的开始。这套论证方法一方面宣称没有无起因的事由，一方面又宣称存在一个无起因的事由：上帝。这就让人不得不问，"上帝是从何而来呢？"相信第一原因论的人可能会反驳说，这一论证并非是说"任何"事物都有起因，它是指除了上帝以外的任何事都有起因。但这种反驳着实苍白无力，若是在回溯这一系列因果关系的过程中会有一个终止点，那么为什么这个终止点必须是上帝呢？为什么不能早一些，在宇宙本身出现的时候就停下来呢？

不足为据

第一原因论认为因果关系不能无限回溯，即"无限倒退"（infinite regress），指永无止境地向过去追溯。它认为有一个第一原因引发了所有其他事物。但是，事实果真如此吗？

如果将此论证方法用于未来，那么我们就应该得到类似的"最终结果"，即一个不能再引发后续任何事物的结果。不过，尽管的确难以想象，但假设这些因果关系会不断衍生，直至无尽的未来，也并非不可能，正如我们举不出最大的数字，因为我们总可以给既有数字上再加一。那么，若是这种因果关系能够向未来无限延伸，为什么就不能朝着过去无限倒退呢？

结论的局限性

就算上述两种反证都能得到解释，第一原因论也无法被证明：第一原因就是有神论者所描述的上帝。正如设计论一样，第一原因论所推导出的结论十分局限。

首先，或许确实存在一个极其强大的第一原因，能够创造并让这一系列因果关系开始运转，从而让整个宇宙发展成如今我们所知道的模样。那么，第一原因论似乎也可以证明：存在这样一位上帝，虽然不能说全能，但也力量强大。

但这种论证并无任何证据能够证明这样的上帝是全知或全善的，成为第一原因并不需要这两样美德。而且，和设计论的拥护者一样，第一原因论的拥护者也面临同样的问题，那就是一位全能、全知、全善的上帝为何会放任世界上众多罪恶的存在。

本体论

本体论（the Ontological Argument）与上述两类证明上帝存在的论证完全不同，因为它根本不依赖于任何证据。

正如我们所看到的，设计论所基于的证据源于世界的本质以及其间的物体和生物；第一原因论所需证据较少——仅仅因为宇宙存在，而不是什么都不存在。然而，本体论却试图证明：从上帝作为至高存在的这一定义本身，就必然可以推出上帝是存在的。因为这种结论可以先于经验而获得，故称为先验论证（Priori Argument）。

根据本体论，上帝的定义就是一位人类所能想象出的最完美的存在；或是借用该理论最著名的表达——圣安瑟莫（1033—1109）所述，上帝就是"无法设想比它更伟大或更完美的那一位存在者。"而存在则是构成这种完美性或伟大性的必需要素。如果一个完美的事物根本不存在，那它就称不上完美。所以，从上帝的定义就应该推出他或她必然存在，这就跟从三角形的定义中推出其内角和为180°一样。

虽然很多哲学家，包括勒内·笛卡尔（1596—1650）在其著作《沉思录》中的第五个沉思部分，都使用了本体论来证明上帝的存在，但极少有人因此而被说服。不过，要准确看出这个论证到底哪里有问题，也并不容易。

本体论的反证

荒谬的结论

本体论的一个常见反证是，如果按照这种说法，那么一切事物似乎都可以通过定义而存在。比如，我们毫不费力就可以想象出一座完美的岛屿，岛上有完美的海滩、野生动物等等，但我们显然不能据此就推断出某处真的存在这样一座完美岛屿。而本体论似乎就在支持这种荒谬的结论，因此，本体论不能算是一个好论证。要么这一论证的结构有不合理之处，要么其初始假定中至少有一个是错的，不然不可能得出如此明显的荒谬结论。

本体论的拥护者可能会这样辩解：虽然通过定义让完美岛屿存在的想法很荒谬，但通过上帝的定义推出上帝必然存在的逻辑就不荒谬。因为完美的岛屿，或是完美的汽车、完美的日子等等，都只是某类特定事物的完美例子。但上帝是不一样的：上帝并不仅仅是某一类事物的完美范例，而是所有事物中最完美的存在。

不过，即使这种不合情理的解释能被接受，针对本体论还有一个任何其拥护者都无法回避的反证。这个反证最初由伊曼努尔·康德（1724—1804）提出。

存在不是属性

单身汉可以被定义为一个没有结婚的男人，而未婚就是一个单身汉的*基本定义属性*。现在，如果我说"单身汉是存在的"，我并不是在举出单身汉的另一个属性。存在和未婚这样的属性是不一样的：一个人如果要具有未婚的属性，那他必须首先是存在的，即使单身汉一词的定义并不会因为有没有那么一个人的存在而改变。

搞清了这一点，再返回来看本体论，我们会发现，本体论的错误就在于它将上帝的存在仅仅当作跟全知、全能一样的另一种属性。但是上帝必得先存在才能是全知或全能的，因此当我们为上帝下这种定义时，其实已经预设了他或她的存在。本体论将存在列为一个完美者的另一个基本属性，就是犯了将存在当作属性而非前提的错误。而任何事物都只有在存在的前提下，才能拥有属性。

那么，像独角兽这样的虚拟物呢？就算独角兽实际上并不存在，我们当然也可以谈论它的属性，比如它有一个角和四条腿。不过，当我们说"独角兽有一个角"时，我们其实是在说，"如果独角兽存在的话，它应该有一个角。"换句话说，"独角兽有一个角"其实是个虚拟句。所以独角兽并不存在这件事和存在不是属性的观点并不冲突。

罪恶

哪怕你接受了本体论，本体论的结论中也至少有一个方面是不合理的，而这一点的证据就很多了。那就是世间的罪恶与上帝的全善之间的对立。我将在后文的"罪恶问题"部分探讨相关的可能解释。

知识、证据和上帝的存在

到目前为止，我们所探讨的关于上帝存在的论证或多或少都曾经以"证据"的形式出现过，按道理来说，这些证据就会生成对了上帝存在的"知识"。

我们可以对这里的"知识"下个定义，即一种真实的、经过证实的信念。如果我们要获得上帝存在的知识，那么"上帝确实存在"这件事就必须是真实的。不过，这一信念也必须要经过证实：必须有正确的证据作为依据。毕竟，人们可能会产生真实却未经证实的信念：比如，我相信今天是周二，因为我在报纸上看到了，而我相信这张报纸就是今天的。但事实上，我可能只是正好看到了一张周二的旧报纸。所以，尽管我相信今天是周二（今天也确实是周二），但我的信息并非来自可靠的渠道，我也很可能会随便拿起一张周四的报纸，那我就会相信今天是周四。因此，尽管我可能误以为我拥有了关于这件事的知识，但事实却并非如此。

我们目前所讨论过的所有关于上帝存在的论证都有很多反证，这些反证是否成立是由读者决定的。毫无疑问，这些反证可以引发一些思考，即这些论证能否作为上帝存在的*证据*。不过，我们能否拥有这样一种知识——一种真实的、经过验证的信念——来证明上帝*并*不存在呢？换句话说，是否存在这样的论证，能够确凿地反驳有神论者所描述的上帝的存在呢？

目前来看，针对存在一个仁慈的上帝这一点，至少有一个反证的确十分有力，我在前文中也将其作为设计论、第一原因论和本体论的反证提出过，那就是罪恶问题。

罪恶问题

世间存在罪恶：这一点无可否认。纳粹大屠杀、波尔布特施行的柬埔寨种族灭绝，以及无处不在的虐待事件，都是道德罪恶或残忍的例子：人类会出于各种理由，对他人或者动物施加痛苦。此外，还有另一种不同的罪恶，即自然罪恶或形而上学之恶：地震、疾病和旱灾就属于这一类。

自然罪恶的起因是自然，当然，它们也可能会因为人类的不称职或者疏于关心而加剧。对于这类导致人类灾难的自然现象，"罪恶"或许不是最恰当的描述词，因为"罪恶"一词通常用来指代故意的残忍行为。不过，无论是将其称为"自然罪恶"还是选个其他什么词，如果我们要继续相信上帝是仁慈的，那我们就必须对疾病和自然灾害这样的事做出解释。为什么关心人类的上帝会创造出儿童白血病和疟疾？为什么这样一位仁慈的上帝会允许地震和海啸的发生？

如此多的罪恶存在于世，人们如何还能相信存在着一位全善的上帝呢？一位全知的上帝理应知晓世间确有罪恶；一位全能的上帝应有能力阻止罪恶出现；而一位全善的上帝则不会放任罪恶存在，但罪恶却从未消失。这就是罪恶问题：如何解释世间不可否认的罪恶事实，使之与上帝所拥有的美德相洽。这是对有神论者所信的上帝的最有力挑战。许多人因罪恶问题而完全拒绝相信上帝，或者至少改变了其对于上帝应该全善、全能、全知的观点。

有神论者提出了不少罪恶问题的解决办法，我们在此讨论其中三种。这些解释试图说明为何罪恶与上帝的存在并不矛盾，我们通常将这种解释称为神义论（theodicy）。

尝试解释罪恶问题

圣洁

有人提出，虽然世间的罪恶本身并不是好事，但其存在是合理的，因为它可以将我们引向更高的道德善。比如，如果没有贫穷和疾病，特蕾莎修女就不可能将自己伟大的道德善付诸行动，去帮助那些需要帮助的人。如果没有战争、虐待和残忍，也就不存在圣人和英雄。正是因为罪恶，这类更高的善才有了战胜人类苦难的可能。但是，这种解释至少有两处可以反驳。首先，无论是在程度上还是在范围上，人类因罪恶而受的苦难都远超过了让圣人和英雄得以借此行善的必要限度。数百万人在纳粹集中营里被残害致死，这套理论恐怕难以为此般恶行进行辩护。此外，许多苦难并未受到关注或被记录下来，因此也无法以这种方式得到解释：在某些情况下，受难的当事人是唯一可能由此获得道德提升的对象，而在极度的痛苦中，这种道德提升几乎不可能出现。

其次，若是罪恶减少，虽然也会少些圣人和英雄，但是比起罪恶众多的世界，这样也没有什么不好。比如，宣称年幼的孩子痛苦地死于无法治愈的疾病，是为了让旁观者由此成为道德上更加高尚的人，此番辩驳恐怕冒犯颇多。一位全善的上帝真的会采用这样的方法，来帮助我们提升道德吗？

艺术类比

有些人宣称，世界和艺术作品之间具有类比性。一段整体和谐的音乐总会包含不和谐的音调，这些不和谐的音调会随着音乐自然消除；一幅图画也总是既有大面积的暗色区，也有大面积的亮色区。因此，罪恶也是为了世界的整体和谐和美丽而存在的。不过，这种论证也至少存在两大反证。

首先，这从根本上就说不过去。比如，在索姆河战役中，士兵痛苦地死在有刺铁丝网围着的无人区里，此般场景如何能说是在为世界的整体和谐作贡献呢？如果以这种艺术类比的论证来解释上帝为何允许如此多的罪恶存在，那么这几乎也就是承认了罪恶的存在无法得到圆满的解释，因为在这种解释中，对罪恶的理解已经超出了人类的理解限度。只有站在上帝的视角，才能观赏到这种和谐。如果这就是有神论者所称上帝为全善的意思，那么这个"善"与我们通常所说的意义可谓天壤之别。

其次，仅仅为了美学目的而纵容苦难存在，为了以欣赏艺术品的方式来欣赏苦难，那这样的上帝听起来更像个施虐狂，而非有神论者所描述的全善之神。如果这就是苦难所扮演的角色，那么上帝的形象只会更接近一个精神变态者，一个为了欣赏血肉横飞的爆炸场景而将炸弹扔向人群的精神变态。对许多人而言，这种将世界类比于艺术品的论证方法与其说是在证明上帝的仁慈，倒不如说更像是个反证。

自由意志辩护

自由意志辩护是目前针对罪恶问题所提出的最重要的解决方法。这种论证宣称，上帝赋予了人类自由意志，即自由选择要做什么的能力。如果没有自由意志，人类就跟没有自主选择权的机器人或自动装置一样。这种论证的支持者认为，拥有自由意志的必然后果就是存在实施罪恶的可能性，否则就不能称为真正的自由意志。比起预设好人类的行为，让人类像机器人一样、由程序控制只做好事，一个允许人类拥有自由意志的世界会更好，即使这种自由意志有时会引起罪恶。的确，如果人类以这种方式被设定好，那我们甚至都不能称自己的行为是道德上的善，因为道德善的前提是可以选择所做之事。不过，自由意志辩护也有不少反证。

自由意志辩护的反证

两个基本假设

自由意志辩护的主要假设是，拥有自由意志和罪恶可能的世界要优于没有罪恶的"机器人"的世界。但果真如此吗？事实上，人类所遭受的苦难可能比想象中的更加可怕，如果有选择的话，许多人无疑都会选择宁愿让所有人都被预设好只做善事，也不愿经历此般痛苦。甚至，这些被设定好的人还可以经过进一步设计，从而误以为自己拥有自由意志：给他们拥有自由意志的幻觉。这样一来，他们既能获得所有那些认为自己拥有自由意志的好处，同时又能避免真正拥有自由意志的坏处。

这就引出了自由意志辩护的第二个假设，即我们确实拥有自由意志，而且不是幻觉。一些心理学家认为，每个人做的所有决定和选择，都能由以前的经历得到解释。也就是说，虽然个体认为自己拥有自由意志，但实际上，他或她的行为可能完全是由过去的经历和遗传倾向所决定的。我们并不能确定事实是否真的如此。

不过，站在自由意志辩护的角度来说，大多数哲学家的确都相信人类在某种意义上拥有自由意志，并且人们普遍认为，这种自由意志是人之所以为人的根本。

没有罪恶的自由意志

如果上帝是全能的，那么他或她就应当可以建造出一个世界：既存在自由意志，又没有罪恶。其实这样的世界并不难想象。虽然自由意志让我们有了作恶的可能性，但是这完全没必要成为现实。从逻辑上来说，每个人都可以既拥有自由意志，却又从不选择作恶。

自由意志辩护的拥护者可能会说，这根本就不是真正的自由意志。这一点可以自由讨论。

上帝可以介入

有神论者通常都相信上帝可以且确实会介入人间事务，并且主要以显现神迹的方式介入。如果真的有上帝介入，那么他或她为什么要选择一些在非信徒看来相对较小的"戏法"呢？比如施加圣痕（人们手上的印记，如基督手上的钉痕）或是把水变成酒？为什么上帝不介入纳粹大屠杀、第二次世界大战或是艾滋病的大流行，去阻止这些事情发生呢？

有神论者可能又会说，如果上帝介入了，那这就不是我们真正的自由意志了。但这样一来，这种辩护就相当于放弃了大多数有神论者所持有的神迹信仰。

无法解释自然罪恶

自由意志辩护的另一大反证提出，这种论证最多只能解释道德罪恶的存在，即由人类直接导致的罪恶。但是除非你已经接受了某种人类堕落的学说，相信是亚当和夏娃背叛了上帝的信任，才为世间带来了各种苦难，否则拥有自由意志和地震、疾病、火山爆发等自然罪恶之间就没有令人信服的关联性。人类堕落学说认为世间的一切罪恶都是由人引起的，不过，相信这一学说的人只可能是那些已经相信犹太－基督教上帝存在的教徒。

关于自然罪恶还有其他更可信的解释，其中之一是：自然法则的规律性包括发生自然灾害的偶然性，而从整体来看，其规律性显然更为有益。

有益的自然法则

如果没有自然规律，世界就会一团糟，而我们也无法预测任何行为的后果。比如，当我们踢球时，如果球既有可能飞出去，也有可能黏在脚上，那我们每次踢球时都不知道这次会发生什么。如果这种无规律性出现在世界的其他方面，我们的生活很可能会寸步难行。科学以及我们的日常生活都依赖于强大的自然规律，相似的原因会产生相似的结果。

一些有神论者由此提出，正因为这种规律性对人类有益，所以自然罪恶的存在是合理的，它只是自然法则继续规律运行的一个不幸的副产物，而这种规律性带来的整体好处大于坏处。但这种说法至少在两个方面站不住脚。

首先，这并不能解释为什么一个全能的上帝不能建造出一种自然法则，让其永远都不会导致任何真实的自然罪恶。对此，回答可能是：上帝也受自然法则的约束；但这就表明，上帝并非是真正的全能。

其次，这种论证仍无法解释为什么上帝不更频繁地显现神迹。如果他或她从不介入，那么正如上述所言，大多数有神论者所持有的神迹信仰就无法得到证明。

神迹论

我在上文讨论罪恶问题及其可能的解决方法时提到过，有神论者通常相信上帝有时会显现神迹：在基督教传统中，这包括耶稣复活、耶稣喂饱五千人、耶稣使拉撒路起死回生等等。这些据说都是耶稣基督曾显现过的神迹。不过，基督教和其他宗教经常声称神迹现在仍会出现。我们将就此做些讨论，看看神迹出现的说法能否为上帝存在提供足够的证据。

我们可以将神迹定义为神对人间事物正常发展的某种介入，这就包括打破既定的自然法则。自然法则是对特定事物发展规律的一种归纳：比如重物会掉落在地、人死不能复生等。这种自然法则基于大量的实践观察。

从一开始我们就该分清，神迹与单纯的超常规事件不同。如果有个人试图跳桥自杀，但由于一系列非常规因素，例如起风、衣服正好起到了降落伞的作用等，这个自杀者活下来了。虽然极其罕见，但这种事的确发生过，各报刊也可能将其描述为"奇迹"，但是这里的"奇迹"与我所指的神迹是不同的。我们完全可以对此人的生还做出完美的科学解释：这只是一个超常规事件，并非一个神迹，因为这件事既未打破任何自然法则，也并无上帝的介入。如果说这个人跳下了桥，但是却神奇地从水面弹回到了桥上，那才确实是个神迹。

许多宗教都声称上帝曾显现神迹，并且认为关于这些神迹的报道应当被看作上帝存在的证明。然而，这种基于神迹报道相信上帝存在的说法却有一些相当有力的反证。

休谟对神迹的主张

大卫·休谟在其著作《人类理智研究》的第十部分提出，一个理智的人不该相信任何有关神迹出现的报道，除非被报道人自己搞错了，没有把比他的描述更加神奇的神迹原原本本地展现出来，但这种可能性微乎其微。他认为，我们应秉持这样一种态度：任何事都没有听起来那么玄乎。在这里，休谟其实特意利用了"miracle"一词的多解性。如前所述，从严格意义上讲，神迹是指打破了自然法则的行为，而这种行为又被推定是上帝所为。但是，休谟所说的"玄乎"却是用了"miracle"一词的日常意义，而这就可以包括单纯的非常规事件。

休谟认为，虽然神迹在原则上是可以发生的，但是在现实中，从来没有哪一篇相关报道的来源足够可靠，让人能够基于此而相信上帝的存在。他为自己的观点提出了几条有力的论据。

神迹总是不太真实

休谟首先分析了任何特定的自然法则得以成立的已有证据。自然法则——比如人死不能复生——要成立，就必须有尽可能多的证据来证实这一点。

明智的人总是会根据现有的证据来决定相信什么。而在任何的神迹报道中，总是有更多的证据说明这是虚假报道。这只是神迹打破既定自然法则的一个后果。因此，照此逻辑，这已经足以使一个明智的人对宣称神迹出现的报道产生怀疑。人死复生的可能性从逻辑上来说一直存在，但大量证据都表明这种事从没发生过。所以，休谟认为，虽然我们不能完全排除耶稣复活的可能性，但我们应该对此充满怀疑。

休谟还举出了更多论据来证明这一结论。

心理因素

心理因素可以导致人们对神迹的出现产生自欺欺人，甚至是完全虚假的印象。比如，人们都知道惊讶和好奇是愉悦的情绪。我们往往愿意去相信极不可能发生的事情——例如 UFO 目击事件证明了火星上存在智慧生命、鬼故事证明了死后生命仍可能存在等等——这是因为，相信这些奇妙故事会让我们感到愉悦。所以，我们也愿意相信有关神迹的报道，因为无论人们是否承认，大多数人其实都希望这样的事是真的。

同时，感到自己被选中并目睹了神迹发生的想法也十分吸引人，这会让你觉得自己好像在某种程度上成了先知。许多人也都很享受因声称目睹了神迹而获得的赞赏。这些都会使人们将单纯的超常规事件解释为显现上帝存在的神迹，有人甚至还会因此杜撰神迹故事。

各宗教相互矛盾

所有主要的宗教都宣称神迹是存在的。各个宗教关于神迹显现的说法都差不多，其证据数量也差不多。这样一来，就算神迹论可信，它也只能证明每个宗教都各自有其不同的神。但这些神显然不能同时存在：基督教信仰一神，而印度教信仰多神，这两者不可能都是真的。所以，不同宗教所宣称的神迹恰恰相互矛盾，成为彼此所信仰的一个或多个神存在的反证。

以上事实应该足以使一个理智的人对有关神迹出现的报道产生怀疑。虽然自然解释的可能性很小，但也总比将这些故事解释成神迹要合适些。显然，一篇关于神迹的报道远不足以证明上帝是存在的。

这些论证不仅限于他人关于神迹的报道，如果我们自己处在某种不寻常的情况下，认为自己目睹了神迹，上述论证中的大部分仍可适用。我们都曾做过梦、记错过事，或是以为自己看到了一些实际上并不存在的东西。任何情况下，当我们相信自己目睹了神迹时，大概率可能是我们的感官欺骗了我们，让我们误认为神迹真的发生了。或者我们其实只是目睹了一些非常规的事件，然后基于上述心理因素导致我们认为那是神迹。

当然，任何认为自己目睹了神迹的人都会非常认真地看待自己的经历，这一点无可厚非。但这种事太容易搞错了，所以这样的经历不应该算作证明上帝存在的决定性证据。

赌徒论：帕斯卡的赌注

到目前为止，我们所讨论的关于上帝存在的论证和反证都旨在证明上帝存在或不存在，其意在给予我们这样一种知识，即他或她是存在的，或是不存在的。但是，赌徒论却与此大不相同。赌徒论源自哲学家、数学家布莱兹·帕斯卡（1623—1662）的著作，也常被称为"帕斯卡的赌注"。这一论证的目的不在于提供证据，而是要说明一个明智的赌徒会听从合理的建议，去"赌"上帝是存在的。

这种论证从不可知论者的立场开始，即无论是要证明上帝存在，还是要证明上帝不存在，目前都没有足够的证据来下论断。相反，无神论者则通常主张已经有了足够的证据可以证明上帝并不存在。

接下来，赌徒论的论证过程是这样的：既然我们不知道上帝到底存不存在，那么我们的处境就跟赌徒一样，处于比赛开始或是最终结果揭晓之前万事都未可知的时候。这时我们就要算概率。对于不可知论者而言，上帝存在与否的概率都差不多，所以他们保持中立，哪一面都不偏向。然而，在赌徒论者看来，最理智的做法应该是争取机会，让自己尽可能赢得大的奖励，同时尽量减小输的可能。换言之，我们应让自己的赢率最大化、输率最小化。而根据赌徒论，要达到这种目的，最好的做法就是相信上帝存在。

赌注可能会产生四种后果：如果赌上帝存在并且赢了（即

上帝真的存在），那我们就能获得永生——绝对的大奖。如果赌上帝存在却输了（即上帝确实不存在），那么，相较于获得永生的可能性，我们所失去的也不算多：只不过放弃了一部分世俗的快乐，浪费了不少时间去祈祷，还有活在幻想中。如果赌上帝不存在并且赢了（即上帝确实不存在），那么我们不会生活在幻想中（至少从宗教的方面来说），还能自由自在地沉溺于此生的快乐而不用担心神罚。但是，如果我们赌上帝不存在却输了（即上帝真的存在），那么我们至少失掉了永生的机会，甚至还可能冒着永世受罚的风险。

帕斯卡声称，正如面临着这些选择的赌徒一样，我们所能做的最理智的行为就是相信上帝存在。这样的话，如果赌赢了，我们就能获得永生。而且比起赌错上帝存在，赌上帝不存在却输掉的代价要大得多。所以，要是我们想让自己的赢率最大、输率最小，我们就该相信上帝是存在的。

赌徒论的反证

无法决定去相信

即便接受赌徒论，我们仍面临一个问题，即我们并不能想相信什么就能相信什么。我们不能单纯地去决定相信某件事。我不可能决定明天我就要相信猪能飞，伦敦是埃及的首都，或是存在一位全能、全知、全善的上帝。在相信这些事情之前，我必须要被说服这些事情确实如此。然而，赌徒论没有给出任何证据能让我相信上帝确实存在，它只是告诉我，作为一个赌徒，我应该接受建议，相信上帝是存在的。但这样的话，我就不得不面临一个问题，即为了相信某件事，我必须先得相信这件事是真的。

我们如何能在无信念的情况下相信上帝存在呢？帕斯卡对此给出了一个解决办法：我们应该当作自己已经相信了上帝的存在，并且按照一个教徒的做法去行事。去教堂礼拜，跟教徒一样念祷词等等。帕斯卡认为，如果我们对外界释放出我们相信上帝的信号，那么我们很快也就能培养出真正的信仰。换言之，我们可以通过迂回的方法，有意识地为自己创造信仰。

不妥当的论证

在面对上帝是否存在的问题时，为了获得永生的机会去赌上帝存在、为了得到赌赢后的大奖而骗自己去相信上帝存在，这样的态度恐怕不大妥当。哲学家、心理学家威廉·詹姆斯（1842—1910）甚至评论说，如果他是上帝，肯定会很乐意阻止那些基于此种理由而相信自己的人上天堂。这一论证的整个过程都缺乏真诚，而且完全出于自我利益。

关于上帝的非实在论

关于上帝的非实在论为传统的有神论提供了一个颇具争

议的替代方案。非实在主义者称，将上帝当作独立于人类的存在其实是一种误解。宗教语言的真实意义并非是去描述某种客观的存在，而是一种表达方式，让我们得以窥见自身道德和精神价值的理想结合，并知道这些价值对我们的要求。换言之，当一个非实在主义者宣称相信上帝存在时，这并不意味着他或她相信上帝确如传统的有神论者所述，是真实存在于一个独立之境的实体。这些非实在主义者的真实想法是，他们将自己奉献给了一套特定的道德和精神价值，而宗教语言只是正好为此提供了一种极其有力的表述方法。正如著名的非实在主义者唐·库皮特（1934—　）所言，"当我们谈论上帝时，我们实则是在描绘自己应该为之努力的道德和精神目标，是我们应该成为的样子"。

非实在主义者认为，那些相信上帝真实存在于某个待发现星球或天堂的人是受了神话思维的束缚。宗教语言的真正意义是为了向我们展现人类的最高理想。这就解释了为什么会存在不同的宗教：不同的宗教体现了不同的文化价值，但从一定意义上来讲，它们都属于同一种行为。

非实在论的反证

伪装的无神论

非实在论的一个主要反证认为，非实在论只是一种无神论的拙劣伪装。宣称上帝只是人类价值的总和，相当于宣称传统意义上的上帝并不存在，宗教语言只是在无神的世界中为谈论价值提供了一个好方式。这听起来难免有些虚伪，因为非实在主义者一方面不承认上帝的客观存在，另一方面又不愿意放弃宗教的语言和仪式。如此这般，还不如干脆当个无神论者，承认上帝并不存在，这样看起来还更诚实些。

对宗教学说的影响

非实在论的第二个反证提出，这种论证会对宗教学说产生非常严重的影响。比如，大多数有神论者都相信存在天堂，但如果上帝不存在，那天堂（或是地狱）自然也不存在。同理，若是上帝没有实体，那也就很难解释得了许多有神论者的一个核心信念，即神迹的出现。如果在上帝是否存在的问题上采取非实在论的立场，那许多基本的宗教信念都得随之大改。这本身不会影响到非实在主义者：如果他们已经准备好接受这种改变，那就可以一直这样保持下去。但是问题的关键在于，非实在论的观点需要对基本的宗教学说进行彻底变革，而许多人并不愿意这样做。

信 仰

我们以上所探讨的所有关于上帝存在的论证都有反证。这些反证不一定是绝对性的，你或许能够找到这些反证的反证。但是如果你找不到，你就得完全拒绝相信上帝的存在吗？无神论者会告诉你就该这样；不可知论者会说"还未得证"；而宗教徒则可能表示，这种权衡考量各个论证的哲学方法并不恰当。他们或许会说，相信上帝并不是一种抽象的思维论断，而是个人承诺。这是信仰的问题，而不是理性的卖弄。

信仰包括信任。假如我在爬山，并且相信我的爬山绳足够结实，那么，虽然在登顶之前我也无法百分百确定这一点，但是我相信，万一我一脚踩空摔下去，这根绳子能够拉住我。对一些人来说，信仰上帝就跟信仰这根爬山绳的结实程度一样：虽然没有确凿的证据能够证明上帝存在且关心每一个人，但是信仰者相信上帝存在，并且在生活中践行自己的信仰。

这种宗教信仰的态度吸引了许多人，也让我们之前的讨论显得无关紧要。不过，如果这种态度变得极端，宗教信仰可能会使人们完全看不到反对自己观点的证据。与其说是理智的态度，这更像是一种固执。

那么，若是想要接受这样一种相信上帝存在的信仰，又有什么危险呢？

信仰的危险

正如上述所言，信仰基于不充分的证据。如果有足够的证据可以证明上帝存在，那我们也就不需要信仰了：我们直接可以拥有上帝存在的知识。因为缺少证据，所以这些信仰者的信仰总是存在错误的可能，并且和相信神迹显现一样，其间或许还有各种心理因素在作祟。

比如，相信有一个全能的存在守护着我们无疑会带来的强大的安全感，而相信死后仍有生命也能很好地缓解我们对死亡的恐惧。这些都可能成为人们信仰上帝的动机。当然，这并不是说他们的信仰必然就是错的，只是说明这种信仰或许只是缺乏安全感和主观希望的产物。

此外，正如休谟所指出的，人类能够通过相信超自然现象而产生惊讶和好奇的感觉，从而获得极大的愉悦感。所以，信仰者要分辨自己对上帝是真实的信仰，还是仅从信仰上帝中获得愉悦，这一点十分重要。

上述心理因素应该能让我们在决定信仰上帝时保持谨慎：人们很容易搞错自己的动机。最后，每一个信仰者都必须审视他或她的信仰究竟是否恰当且真实。

死　亡

大多数相信上帝存在的人也相信死后生命，一些无神论者也这样认为，但通常而言，无神论者没有这种信念。如果你相信死后仍有生命，那么在面对死亡时，你或许能比不信的人少些恐惧感。当然，前提是你认为死后的生命很可能是愉快的，而不是面临着永世的惩罚。不论怎样，对于那些相信死后生命的人来说，死亡并非一切的终点。

对死亡的恐惧是非理性的吗？

人们普遍都害怕死亡。对于那些生活不顺或承受痛苦的人而言，相信上帝和死后生命或许是个安慰。不过，这种信念很可能只是一种主观希望。有哲学家提出，即使死亡就是完全的结束，我们也没什么好怕的。还有观点认为，有限的生命比永生更好。

伊壁鸠鲁（341—271 BC）曾试图说明我们没有理由害怕死亡。人们对死亡的恐惧源于一种错误的臆想，觉得我们死后会停留在那里，悼念自己的死亡。但是，当我们活着的时候，死亡不存在；而当我们死了，我们自己也不存在了，自然也没法再受到伤害。所以，要么我们活着，这时我们不受死亡的伤害；要么我们死了，那死亡也就失去了可伤害的对象。此外，伊壁鸠鲁还提出，我们一般不会担心出生前永恒的不存在，那么我们也完全没理由去担心死后永恒的不存在。伊壁鸠鲁由此得出结论：人们对于死亡的恐惧是非理性的。当然，我们仍有充分的理由去害怕死亡的过程，以及通常伴随着死亡的痛苦。

伊壁鸠鲁的反证

假定不会有糟糕的死后生命

伊壁鸠鲁假定死后的生命不会是糟糕的。他所提出的两点论证都是在反驳我们对于自身不再存在的恐惧，但却没有考虑到我们死后可能面临的遭遇。如果真的有死后生命的话，这其中也可能会有让人害怕的地方，比如可能会永远在燃烧的硫黄里受苦，或是反复被握着三叉戟的小恶魔刺穿。此外，还有人提出了另一种同样很值得害怕的猜想，即永生最后可能会变得乏味无趣。

永生会无趣吗？

人类行为的意义源于其不可复制性。我们做出选择、决定，并最终成长为现在的样子。在森林中，我们欣赏转瞬即逝的光和影，一部分原因是因为再也不会看到相同的景色。我们必将死去，而正是这一点使我们珍惜现在，因为我们或许不会再有未来。我们的选择和经历共同构成了我们的过去。然而，如果死后还有生命，那我们就总有时间能够做所有事，珍惜现在就失去了意义。伯纳德·威廉姆斯（1929—2003）认为，这种永生乏味无趣，且最终是无意义的。正是死亡和其带来的结束才为我们的生活赋予了诸多价值。

永生无趣的反证

认为死后生命与现世相同

认为死后有足够的时间去做任何事，并由此得出永生无意义且无趣的结论，其实是一种现世经验的映射。不过，一位仁慈的上帝大概不会让我们在死后如此无聊。如果我们相信上帝是存在的，那么我们也就有理由相信，死后的生命应该与我们在这个世界中的日子大不相同，并且超出我们的想象。

但这样就会引出另一个问题，即这样的死后生命是否还能看作*我们*生活的延续，因为我们的一切都取决于有限的生命和对于自己终将死去的认知。在这个世界中，*我*已经决定了要怎样度过自己有限的一生，而我是什么样的人，与我所做出的决定密不可分，在这种情况下，这样的死后生命对我而言还有意义吗？如果答案是上帝自有安排，那么这就是再次求助于信仰了，而我们知道，信仰并不一定正确。

结　论

在本章中，我们探讨了大部分关于上帝存在的传统论证和反证，可以看到，如果有神论者要继续相信一位全能、全知、全善的上帝的存在，那么就需要面对不少有力的反驳。对此，有神论者的一个应对方法是修正其传统描述中上帝所拥有的品质：或许上帝不是全善的，又或许他或她的能力和知识也有限。虽然这样做就相当于拒绝了传统意义上的上帝形象，但对大多数人来说，比起完全拒绝相信上帝，这种办法更能使人接受。

❋ 延伸阅读

我强烈推荐 J. L. 麦基的《有神论的奇迹》（牛津：克拉伦登出版社，1982），这本书内容清晰、智慧、发人深省。我在本章中所提到的大部分内容都能在这本书中找到十分详尽的分析。布莱恩·戴维斯是一位多米尼加修士，其所著的《宗教哲学导论》（第二版，牛津：牛津大学出版社，1993）对这一领域做了十分全面的介绍。贝弗利·克拉克和布莱恩·克拉克所著的《宗教哲学：批判导论》（剑桥：政体出版社，1998）也是不错的指导书籍。朱立安·巴吉尼所著的《无神论：入门简介》（牛津：牛津大学出版社，2003）从积极的角度探讨了没有上帝的人生。罗宾·勒·波伊德温所著的《争辩无神论》（伦敦：劳特利奇出版社，1996）内容有趣、取材广泛，介绍了形而上学的一些重要领域，比如时间的本质。

大卫·休谟的《自然宗教对话录》在他死后才于1779年首次出版，其中对有关上帝存在的设计论进行了绝妙且有力的反击。本书行文是18世纪的散文风格，有些地方可能很难读懂，但书中的主要论证很好理解，而且作者所举的例子充满智慧、令人印象深刻。这一著作的最好版本是《宗教自然史和对话录》（牛津：牛津大学出版社－世界经典，1993），我在本人所著的《从〈理想国〉到〈正义论〉》（第二版，伦敦：劳特利奇出版社，2001）中也介绍了其中的一些主要议题。

唐·库皮特在其所著的《信仰之海》（伦敦：BBC 图书，1984）的最后一章和《告别上帝》（伦敦：SCM 出版社，2001）一书中着重叙述了非实在论思想，并将其作为有神论的代替思想提出。

近来，比较受欢迎的无神论书籍有：理查德·道金斯所著的《上帝错觉》（伦敦：矮脚鸡出版社，2006），出版后引起了不少热议；以及山姆·哈里斯所著的《写给基督教国家的信》（纽约：克诺夫出版社，2006）。此外，阿里斯特·麦格拉斯所著的《上帝为何不会消失：直面新无神论》（伦敦：SPCK 出版社，2011）站在有神论的立场，从基督徒的角度探讨了无神论者对宗教的质疑。

第二章
对与错

　　为何行为有对错之分？当我们说某人该做或不该做某事时，究竟是指什么？我们该如何生活？如何对待他人？这些都是哲学家争论了几千年的根本性问题。虐待、谋杀、残忍、奴隶、强奸和偷盗，如果不能说出这些事情错在何处，那我们又有什么理由去试图阻止它们呢？道德是否只是一种偏见？我们能否为自己的道德信念给出令人信服的理由？探讨这类问题的哲学领域通常被称为伦理学或道德哲学——在这里，我将交替使用这两个术语。

　　我不认为哲学能够改变人们关于对与错的根本性偏见。正如弗里德里希·尼采（1844—1900）在其著作《善恶的彼岸》中所言，大多数道德哲学家的最终目的都是在证明"他们内心欲望的抽象和精练"。换言之，这些哲学家所做出的复杂分析看似客观，到最后却总是在说明自己已有的偏见是正确的。不过，尽管如此，道德哲学仍为解决现实的道德问题提供了很多思考：它能够阐明某些十分普遍的道德信念的含义，并且告诉我们该怎样将这些信念持续地付诸于实践。在这里，我将探讨三种道德理论：义务论、结果论和德行论。这三种理论分别为理解道德问题提供了不同的框架。首先，我会概述这些理论的主要特点及它们在生活中的实际应用。然后，我会探讨更为抽象的哲学问题，即这些道德语言的意义，也称为元伦理学。

义务论

义务论强调我们每个人都有一定的义务，即我们应该或不应该去做的事情，而按道德行事就是无论会引来何种后果，我们都要履行自己的义务。这也是义务伦理论与结果伦理论的主要区别。义务论认为，某些行为的对错是绝对的，这一点并不会因为其引发的后果而改变。在此，我将讨论两个义务伦理理论：基督教伦理理论和康德伦理理论。

基督教伦理理论

犹太–基督教的道德教义主导着西方世界对于道德的理解：宗教学说塑造了我们关于何为道德的全部认知，甚至连无神论者的道德理论也深受其影响。《十诫》中列出了各种义务和禁忌，无论结果如何，这些义务都必须被遵守：它们是绝对的义务。相信《圣经》是上帝话语的人丝毫不会怀疑"对"与"错"的意义："对"就是上帝的旨意，"错"就是任何违背上帝旨意的事。对这样的信仰者来说，道德就是遵从上帝这一外部权威所下达的绝对旨令。比如，杀人在道德上是绝对错误的，因为这是《十诫》中明确列出的罪。即使杀掉某个特定的人——比如说希特勒——能够挽救其他人的生命，那也一样是错误的。这其实是简化了问题：事实上，神学家确实争论过，在特殊情况下，比如在一场正义的战争中，杀人也可以获得道德允许。

在实践中，践行基督教的道德远比遵守《十诫》复杂：这与如何应用基督教的教条有关，特别是《新约》中的戒律"爱你的邻居"。不过，这种道德的本质就是一个由该做与不该做的旨令所构成的体系。大多数基于宗教的道德都是如此。

许多人都认为，如果上帝不存在，那也就没有道德这一说，正如俄国小说家陀思妥耶夫斯基所言，"如果上帝不存在，那么一切都被允许"。尽管如此，任何仅基于上帝旨意的伦理理论都至少存在三大反证。

基督教伦理理论的反证

什么是上帝的旨意？

基督教伦理理论的首要问题是，上帝的旨意究竟是什么？我们怎么能确定上帝到底想要我们做什么呢？基督徒通常会回答说，"去看《圣经》吧。"但是，《圣经》也有着众多的解释，而且这些解释常常相互矛盾：从字面意思解释

《创世记》的人相信，神真的用了七天创造世界，而另一些人觉得这只是一种比喻；一些人认为在战争中杀人有时是可以被允许的，而另一些人相信《十诫》中的"毋杀人"是应无条件服从的绝对旨令。

游叙弗伦困境

当你面前只有两种选择，而二者都不理想的时候，困境就产生了。这种困境最初由柏拉图在其著作《游叙弗伦篇》中提出。那些相信道德是源于上帝旨意的人就面临着这样一种困境，即上帝做出旨令或表示赞同，是因为其所言之事本身在道德上就是好的，还是因为上帝做出了旨令或表示了赞同，才使得其所言之事在道德上成为好的？

先看第一种选择。如果上帝作出旨令或表示赞同是因为这些事本身在道德上就是好的，那么这就使得道德在某种意义上成为独立于上帝的存在。他或她是在对宇宙中已有的道德价值做出反应：发现而非创造了它们。如果按照这种理解，那我们就可以在完全不提及上帝的情况下谈论道德，不过上帝确为人类提供了更加可靠的道德信息，否则仅靠自身的有限智力，我们是无法从这个世界中窥得这些的。不过这仍然说明，上帝并非道德的来源。

再来看第二种选择，基督教伦理理论的捍卫者恐怕更不喜欢这种说法。上帝若仅凭他或她的旨令或赞同来创造对和错，这就使得道德看起来难免有些武断。从原则上来讲，上帝也可能宣称谋杀在道德上是值得称赞的，那么谋杀就会是值得称赞的好事。相信道德是出于上帝旨意的人可能会说，上帝绝不会让谋杀成为道德上的好事，因为上帝是善的，所以绝不会希望我们受苦。但是，如果上帝的"善"是指"道德上的善"，那么"上帝是善的"就只能说明"上帝认可他或她自己"。这与信仰者所表达的意思相去甚远。

假定上帝是存在的

不过，基督教伦理理论还有一个更有说服力的反证，即这一理论已经预设了上帝确实存在，而且是全善的。如果上帝并非全善，那么为何以他或她为标准的行为会被认为是道德上的好事呢？正如我们在第一章所述，无论是上帝的存在还是其全善的属性，都不是理所当然的。

并非所有的义务道德理论都基于上帝的存在。这些理论中最重要的一个是由伊曼努尔·康德（1724—1804）提出的康德伦理理论。虽然受到了基督新教传统的强烈影响，而且康德本人也是一位虔诚的基督徒，但是该理论描述道德的方式，就其宽泛的框架而言，却得到了许多无神论者的推崇。

康德伦理理论

动机

伊曼努尔·康德关注的问题是"什么是道德行为？"

而他给出的答案在哲学界至关重要。我将在这里概述其主要特点。

康德认为，道德行为是一个人源于责任感，而非仅仅出于意愿、感情，或是获利的可能性而做的事。所以，假如我因为同情贫困者而给慈善机构捐款，那么在康德看来，我的行为不一定是符合道德的：如果我仅仅是出于同情而非责任感，那么这就不是一个*道德*行为。或者，如果我给慈善机构捐款是为了让自己在朋友间更受欢迎，那么这种行为就只是为了获取社会地位，也不符合*道德*。

因此，对康德来说，一个行为的动机远比行为本身及其结果更重要。他认为，要判断某人的行为是否符合道德，就必须知道其意图。仅仅知晓一位好心人帮助了他人还不够。他或许是为了给自身谋利，想要从中得些回报。又或许仅仅是因为自己刺痛的同情心：这时他的行为是出于感情而非责任感。

大多数道德哲学家都同意，自我利益不应作为道德行为的动机。但是许多人无法认同的是，某人内心有无同情心之类的感情与我们对其行为的道德评判无关。然而，在康德看来，一个道德行为唯一能被接受的动机只有责任感。

康德如此关注行为动机而非结果的一个原因是，他相信所有人都可以是有道德的。但是，我们若是要合理地为某事负起道德责任，那么这件事就必须是我们能够控制的，或者用康德自己的话来说："应当意味着能够"。而因为行为的结果往往不受我们控制，所以结果不能决定对一件事的道德评判。比如，如果我出于责任感想要救一名落水的孩子，但却不小心把这孩子淹死了，那么，我的行为仍可以看作道德的，因为我的动机是对的：这个结果只能说是一个悲剧，但是并不会影响到我这一行为的道德价值。

同理，既然我们不能完全控制自己的情绪反应，那么感情也不能作为道德的必要考量。因此，康德认为，如果要让所有拥有意识的人类都可以获得道德，那么道德就必须完全基于意志，尤其是责任感。

格律

康德将所有行为背后的意图称为*格律*。所谓格律，就是指行为所基于的一般原则。比如，一个好心人做好事，或许是出于"帮助那些有需要的人，如果你认为自己能够从中获利的话"这样的格律；也可能是出于"帮助那些有需要的人，如果你感受到同情的话"这样的格律。不过，如果这个好心人的行为是道德的，那他所依照的格律就该是"帮助那些有需要的人，因为你有义务这么做"。

定言令式

康德认为，作为理智的人类，我们应该负有一定的义务。这些义务是*绝对*的，换言之，它们是不容置疑的、无条件的——比如"你应该总是说实话"或是"你永远都不该杀人"。

无论会引来怎样的后果，我们都应该遵守这些义务。他认为，道德就是一个定言令式的体系：要求你按照特定方式行事的命令。这是康德伦理理论最与众不同的地方之一。他将绝对义务与*假定义务*做了对比。假定义务就是"如果你想要得到尊重，那你就应该总是说实话"或者"如果你不想进监狱，那么你就不该谋杀任何人"。假定义务告诉你，如果你想要达到某个特定目标或是避免某种特定结果，那么你就该或是不该做什么。康德认为，基本的定言令式只有一个："只依据那些你同时愿意它成为普遍法则的准则行动"。在这里，"愿意"是指"理智上想"。换句话说，定言令式所传达的意思就是，按照你从理智上想要每个人都遵守的格律行动。这一原则被称为可普遍化原则。

虽然康德还给出了定言令式的许多其他表述，但上述这一种是其中最重要的，而且影响极为广泛。我们将在下文对此进行更细致的探讨。

可普遍性

康德认为，一个道德行为所基于的格律必须是可普遍化的。任何人在任何相似的情况下都必须适用这一格律。你应该公正无私，不能为自己开例外。比如，如果你基于这样一条格律"去偷东西，如果你太穷而买不起你想要的"而偷了一本书，如果这一行为要成为道德行为，那这一格律就必须适用于所有与你处在同样境地的人。

当然，这并不意味着任何可以被普遍化的格律都因此而是道德的。毫无疑问，生活中存在许多能够轻易被普遍化、但却无关于道德的琐碎格律，比如"总是向比你高的人吐舌头"。此外还有一些即便能够普遍化、但仍可能被看作不道德的格律，比如我上文提到的偷盗的例子。

这种可普遍性理念就是基督教黄金法则"像你希望别人怎样去对待你那样对待别人"的另一个版本。那些按照"做个寄生虫，永远利用别人的付出生活"这样的格律行事的人，他们的行为就是不道德的，因为这一格律无法普遍化它会引出一个问题，"如果所有人都这么做呢？"如果所有人都是寄生虫的话，那就没人可供他们寄生了。这条格律通不过康德的检验，因此不是一条道德的格律。

从另一方面来讲，"永远不要虐待婴儿"则是一个很容易被普遍化的格律。所有人都肯定能够且愿意遵守这种旨令，虽然他们实际上或许并不会这样做。而那些违反这一旨令，对婴儿实施虐待行为的人，就是在做不道德的事。像这种格律，康德的可普遍性理念就能给出清晰的答案，并且这一答案也符合大多数人关于对与错的无可争议的直觉。

手段和目的

康德关于定言令式的另一种表述是"绝不能把他人当作手段，而要永远当成是目的来对待"。这就是说，我们不该*使用*他人，而是要时刻意识到他人的人性：他人是拥有自我意志和愿望的个体。如果有人只是因为你能为他们提供工作而对你友善，那么这些人就是在把你当作获取工作的手段，而非是当作一个人，一个作为目的本身的人。当然，如果有人因为喜欢你而对你好，那也跟道德没有关系。

康德伦理理论的反证

空洞

康德伦理理论，尤其是他以可普遍性来评判道德的理念，常被诟病为空洞。这种反证认为，康德理论只是展现了一个道德评判的结构框架，对于那些真正要做道德决定的人并没有帮助。当人们要决定自己该做什么的时候，这种理论几乎起不到任何作用。

上述反证忽略了康德伦理理论的其中一种定言令式，即告诉我们"永远将他人看作目的而非手段"，这其实就为他的道德理论提供了一些内容。不过，即便将可普遍性原则和手段／目的定言令式结合起来，康德伦理理论仍无法对许多道德问题给出令人满意的解决方案。

比如，康德理论就无法轻松地解决义务冲突的问题。举例来说，如果我既有说实话的义务，又有保护我的朋友的义务，那么康德理论就无法在这两者相冲突时告诉我该怎么做。要是一个拿着斧头的疯子问我，我的朋友在哪，我的第一反应肯定是说谎。如果告诉这个疯子实情，我就无法履行保护朋友的义务；但另一方面，根据康德理论，即便是在极端的情况下，说谎也是不道德的：我负有永远不该说谎的绝对义务。

普遍化的不道德行为

有人还提出了康德理论的另一个缺点，即这种理论似乎会允许一些明显不道德的行为。例如，"杀掉所有挡你路的人"就是一条很容易被普遍化的格律，但这样的格律显然是不道德的。

不过，这并不能看作对康德的反驳：它忽视了定言令式的手段／目的理念。这个例子显然违背了这一点。杀掉所有挡你路的人并未将他人当作目的：这种做法没有考虑到他人的利益。

不合理之处

尽管康德伦理理论的大部分内容都是合理的，尤其是尊重他人利益的观点，但它的确也存在不合理之处。首先，这一理论会为一些荒谬的行为提供支撑，比如你必须告诉一个拿着斧头的疯子你朋友的所在地，而不是撒个谎把他引开。

其次，康德理论未能充分考虑到诸如同情、怜悯、遗憾等情感的作用。康德认为这些情感与道德无关：只有责任感才是道德行为的合理动机。同情需要帮助的人在有些观点中是值得赞扬的，但对康德来说，这并非道德的范畴。然而在许多人看来，同情、怜悯、内疚、后悔等道德情感*的确存在*，而康德试图将这些情感与道德分割开来的做法，则是在无视道德行为的这一重要方面。

最后，康德理论完全不考虑行为的后果。这就意味着，即使某个好心的笨蛋不小心导致了众多人丧命，他的行为在道德上也无可非议，因为根据康德理论，评判道德行为的依据主要是意图。但在某些情况下，行为的结果的确与道德价值的评判相关：要是家里的保姆想快点弄干刚洗过澡的猫咪，就好心地把它放到微波炉里，你会是什么感受？不过，站在康德的角度上来说，他也的确考虑了一些无能有罪的情况。

如果有人觉得义务论的这最后一个反证很有道理，那么他估计也会喜欢我们接下来要讨论的这一种伦理理论：结果论。

结果论

"结果主义"这一术语常被用来描述这样一种道德理论：要判断一个行为的对错，不是看这个人做这件事的意图，而是要取决于这件事所引发的后果。康德会说，无论可能带来怎样的好处，说谎在道德上永远都是错误的，但结果主义者则会根据事件的后果，或者说其预期后果来作判断。

功利主义

功利主义是最广为人知的结果主义伦理理论,其最著名的代表人物是杰里米·边沁(1748—1832)和约翰·斯图尔特·密尔(1806—1873)。功利主义基于一个假设,即人类所有活动的最终目的(从某种程度上来说)是获得幸福。这种观点也被称为享乐主义。

功利主义者将"好"定义为"任何能带来最多幸福的事",这有时也被称为最大幸福原则或功利原则。对功利主义者来说,通过计算一个行为可能带来的各种不同后果,我们在任何情况下都能得出一个正确的行为,即那个最有可能带来最大幸福(或至少在幸福与不幸之间取得最大幸福的平衡点)的行为。

功利主义必须要承担后果的*不确定性*,因为就算不是完全不可能,要精准地预测任何具体行为的后果也是很难的:比如,人们通常不会喜欢受侮辱,但或许你所侮辱的那个人刚好是个受虐狂,而这人就喜欢从受辱中感受快感。

功利主义相较于其他伦理学理论的优势之一,是它能够明确地将动物纳入道德考量。功利主义认为,动物具有感受痛苦和快乐的能力,正是因为如此,所以它们的幸福也可以纳入功利计算。而且,就算动物的幸福不能直接包含在计算中,动物爱好者要是看到动物受苦,也会影响到他们自己的幸福,因此,动物的幸福也就间接地成为计算的一部分。举例来说，如果我和其他像我一样的人，因为知道人类制作小牛肉会导致牛犊痛苦而十分悲伤，那么，在判定制作小牛肉这件事的道德性时，我们的不幸福就要以对立的立场，与那些享受小牛肉的顾客可能感受到的幸福一起纳入功利计算。我们将在第三章对非人类动物的道德地位进行更细致的探讨。

功利主义的反证

计算困难

功利主义从原则上看似乎是个很不错的理论，但是其实际应用却困难重重。

无论是衡量幸福，还是对不同人的幸福作比较，都十分困难。谁能决定施虐狂的快乐就要高于，或是低于受害者的痛苦呢？或者，一个足球迷看到他或她支持的球队进了一个漂亮的球所感受到的快乐，与一个音乐剧迷欣赏自己最爱的咏叹调时的激动心情，要如何比较呢？而且，这些快乐又如何与吃饭和性等身体上的愉悦感相比呢？

边沁认为，这种比较在原则上是可能的。在边沁看来，幸福的来源无关紧要。幸福只是一种愉快的精神状态：快乐且没有痛苦。虽然快乐的强度或许不同，但是快乐并无类别之差。所以，任何来源的幸福都应该以一定的比重纳入功利计算。边沁由此提出了"幸福计算"公式，在这个公式中，他制定了一系列对各种快乐进行比较的准则，考虑了诸如强度、持续时间、创造后续快乐的可能性等等因素。他甚至还准备将动物也纳入其中。不过，这一公式很难权衡不同物种和不同个体之间的快乐与痛苦，当然，前提是我们可以对此做出精确的计算。当一条巨蟒缓缓吞食一只小羚羊时，巨蟒所感受到的快乐，和羚羊所感受到的痛苦，要怎么计算呢？或者，蚊子吸血的快乐，与受扰人类所感受到的小小烦躁又如何比较呢？

密尔认为边沁的方法不够细致，于是他提出了一种取而代之的计算方案，即所谓快乐的高级与低级之分。他认为，真正体验过高级快乐的人都会自动选择高级快乐，而远离所谓的低级快乐。其中，高级快乐主要是指精神上的愉悦，而低级快乐则主要是肉体上的。而在密尔的幸福计算公式里，更高级的快乐要比更低级的快乐比重更大；换言之，密尔在评判幸福时，不仅考虑了数量，还考虑了它们的质量。在密尔看来，苏格拉底的快乐比傻子的快乐高级，所以显然，做一个忧郁但智慧的苏格拉底式人物，要比做一个开心却无知的傻子快乐。

这种说法听起来有些精英主义。这是一个知识分子为自己的特定喜好，以及他所在社会阶级的利益和价值所做出的评判。但这并不能改变相当一部分幸福的计算仍然非常困难的事实。而且，就算我们接受了密尔对于快乐的高级与低级之分，也不能完全解决这些困难。

　　功利计算还面临着一个更基本的问题，即什么可以算作一个具体行为的影响。假设有人因孩子行为不端而打了孩子，那么，在该行为的道德性完全取决于其后果时，我们是仅仅考虑打孩子的当下影响，还是必须将长期影响也纳入考虑？如果选择后者，那就意味着，在考虑孩子因这种惩罚教训而避免潜在危险、获得幸福时，就得把其对立面，即孩子的情感发育，甚至是对孩子的孩子造成的可能影响也一并计算在内。然而，任何行为的影响都能够向未来延伸，而且这种延伸几乎找不到一个明确的截止点。

　　问题案例

　　功利主义的另一个反证提出，功利主义会将许多通常认为是不道德的行为合理化。比如，如果可以证明公开绞死无辜之人能够起到威慑作用并直接减少暴力犯罪，从而在整体上产生快乐大于痛苦的结果，那么功利主义者就不得不承认，绞死这个无辜的人是道德正确的行为。这种结论显然与我们的正义感相悖。当然，对功利主义的某些结论感到不悦并不能证明功利主义的理论有什么错误。坚定的功利主义者大概也会欣然接受这个结论。不过，这种违背常情的例子应该能让我们在决定功利主义是否是一个令人满意的道德理论时保持谨慎。

　　像边沁一样的功利主义者认为，幸福仅仅是一种愉悦的精神状态。这种观点遭到了质疑。按照这种观点，如果一种能够改变人类精神状态的药物，比如迷幻药，被秘密地加入了饮用水中，那么这个世界就会在道德上变得更好，因为这能使世界上的总体快乐增加。然而，大多数人都会宁愿生活中少些这种快乐时刻，也希望能自己做出选择，一步步获得真实的愉悦感，而按照后一种看法，往人们的供水中放药就是不道德的。

另一个相关论点常以体验机器的思想实验为例，这一思想实验由罗伯特·诺齐克（1938—2002）提出。在这个思想实验中，你能够选择让自己连入一个复杂的虚拟现实机器，在那里，你能产生幻觉，体验到自己最渴望体验的所有经历。如果你选择进入这个机器，那么这个选择就是终身的。不过，一旦连入其中，你就不会再有自己是与机器相连的意识，而这台机器能够给予你各式各样的精神愉悦感。尽管如此，大多数人都表示自己不会选择进入机器。他们不愿在舍弃过程的基础上追求快乐。这说明幸福不仅仅是一种精神状态，还包括如何获得这种幸福状态的过程。而且，就算世界上的每个人都进入了这种体验机器、获得了愉悦感，我们也没理由说这样的世界在道德上就优于目前的世界。但按照边沁的观点，这种结论就是必然的，因为对他而言，产生精神愉悦感的方法无关紧要。

再来看看功利主义的另一个问题案例。康德认为，无论结果如何，我们都该遵守自己的诺言，但在功利主义者看来，正确的做法应该是计算遵守或违背诺言可能带来的幸福，然后据此做出选择。所以，功利主义很可能会得出这样一种结论：如果他们知道自己的债主忘记了自己的债务，并且在未来也不大可能会记起来，那么自己不还钱在道德上就是正确的。借钱不还的人因钱财增加而感到的快乐会远大于任何欺骗他人的不快乐感，而债主因为已经忘记了债务，所以大概也不会有什么不开心。

但是，人类交往离不开个人诚信，在上述情况中更是如此。实际上，讲出实情、还上欠款、在与他人交往的过程中保持诚信等等，都是许多人眼中最重要的道德行为。对这样的人来说，拒绝绝对义务的功利主义就不能算是一个合格的道德理论。

消极功利主义

功利主义基于这样一种假设，即在任何情况下，能够创造最大幸福总和的行为就是道德正确的行为。但是，这种说法或许过于强调幸福了。比起在幸福与不幸间寻找幸福最大的平衡点，避免痛苦和苦难似乎要重要得多。试想有两个世界：一个世界里没人极度快乐，但也没人经受极度的痛苦；另一个世界中有部分人遭受着极度的不幸，可他们的不幸却被其他许多人所感受到的满足和幸福所抵消。相比之下，前者肯定要更好些吧？

消极功利主义就是解决上述问题的一个办法。消极功利主义的基本原则是在任何情况下，最好的行为不是能够使最多人获得最大幸福的行为，而是能够使不幸的总和达到最小的行为。比如，一个富有的消极功利主义者或许会思考，是把自己所有的钱都送给一个受重病折磨的穷人，来极大地减轻这一个人的痛苦，还是把这些钱分发给一千位一般幸福的人，让这些人的幸福指数都再增加那么一点？传统的功利主义者会计算哪种做法能够为最多人带来总体上更大的幸福，而消极功利主义者则只会考虑哪种做法能够减轻痛苦。因此，传统的功利主义者可能会把钱分发给一千位一般幸福的人，因为这样能使幸福最大化，而消极功利主义者则会把钱全部送给那一位重病的穷人，因为这样能够使痛苦最小化。

不过，这种消极功利主义仍然无法避免许多传统功利主义所面临的计算困难。此外它还有另一个问题。

消极功利主义的反证

毁灭所有生命

消除世界上所有痛苦的最好方法就是消除所有有意识的生命。如果没有能感受到痛苦的生物，那世界上也就没有痛苦。如果我们能以一种无痛的方式达到这一目的，比如使用原子弹制造大爆炸，那么根据消极功利主义原则，这就是道德正确的行为。即使这一过程中会存在一定的痛苦，但从其能将所有痛苦永远消除的长期利益来看，那也是值得的。不过，这种结论显然令人难以接受。至少为了避免这一问题，消极功利主义者也需要修改自己的理论。

规则功利主义

传统功利主义（也称为情境功利主义）得到的结论常常不合情理。为了解决这个问题，一些哲学家对这一理论做了修改，并提出了规则功利主义，意在将情境功利主义与义务伦理学中各自最好的部分进行整合。

规则功利主义采取一般规则来评判哪一类行为更有可能为最多人创造出更大的幸福，而不是分别对每一个行为的后果进行评估。比如，一般来说，惩罚无辜之人会带来更多的不幸而非幸福，所以即便存在可能会带来更多幸福的特殊情况——比如有效威慑暴力犯罪的时候，规则功利主义也会选择接受"永远不惩罚无辜之人"的规则。同样，规则功利主义者也会支持信守承诺，因为一般来说，如果大家都能遵守这一规则，那么就可以在幸福与不幸之间创造出幸福最大的平衡点。

规则功利主义有很大的实践优势，因为这样就不必在每次作道德决定时都要计算一番。不过，如果你遇到了明知比起遵守诺言，违背诺言能够创造更大幸福的情况，而且鉴于规则功利主义的基本道德观仍是功利主义，这时要是让你坚持遵守规则，而非按照具体情况具体处理，似乎有些强人所难。

德性论

德性论主要基于亚里士多德的著作《尼各马可伦理学》，因此有时也被称为新亚里士多德主义。不同于关注具体行为对错的康德伦理和功利主义，德性论关注的是品格，其所感兴趣的是一个人生活的整体。德性论者所思考的核心问题是"我该怎样活着？"而他们给出的答案是：培养德性。他们认为，只有通过培养德性，一个人才能作为人类实现自我繁荣。

繁荣

根据亚里士多德的观点，每个人都想实现自我繁荣。他用来表示繁荣的希腊词语是 eudaimonia。这个词有时会被译为"幸福"（happiness），但是这种译法会引起混乱，因为亚里士多德相信，即便没有达到 eudaimonia，人类也可以获得极大的快乐，比如身体上的愉悦感。Eudaimonia 是贯穿在整个生活中的，并非只是你在各个时间点上的特定感受。或许译成"真正的幸福（true happiness）"更好些，可这样又听起来像是某个你最终达成的精神幸福状态，而非一种成功地过好生活的方式。亚里士多德相信，特定的生活方式可以促使人们实现自我繁荣，就像按照特定的方法照料一棵樱桃树，它就会生长、开花和结果。

德性

亚里士多德认为，培养德性就是人类实现自我繁荣的方法。那么，什么是德性呢？德性是一种行为和感觉的模式：一种在恰当的情况中，以特定的方式去行动、渴望和感觉的意愿。与康德不同，亚里士多德认为，体验恰当的情绪是过好一生的关键。一种德性不是盲目的习惯，而是理智的判断，即在你所处的情况中，怎样的反应才是恰当的。

具有慷慨这一德性的人，会在恰当的情况下以慷慨的方式去感受和行事。这包括判断其所处情况和所做出的反应是否恰当。拿之前那个好心人的例子来说，如果这个好心人是有德性的，那么面对被扔在路边的待救助之人，他就应该既感受到同情，又要做出实际行动去帮助他。如果这位好心人施以援手是为了在事后给自己谋利，那他的行为就不是有德性的，因为慷慨就包括要不计自身利益的付出。

如果这位好心人刚好撞见强盗正在抢劫不幸的受害者，而他又具有勇敢的德性，那他就应该战胜一切恐惧，去跟强盗搏斗。勇敢的其中一点就是要有能力战胜恐惧。

德性论者相信，任何人都需要诸如慷慨和勇敢这样的德性才能生活得好。这听起来就好像一个有德性的人能从德性列单里挑选他或她想要培养的德性，或是一个将某种德性极大发展的人就是一个有德性的人。不过，这些都是误解。在亚里士多德看来，有德性的人已经调和了所有美德：这些美德必须融入有德性之人的生活。

德性论的反证

我们应该接受哪些美德？

德性论面临的一大困难是如何确定哪类行为、渴望和感觉的模式应该算作德性。德性论者给出的答案是：那些人们需要以此来实现自我繁荣的品质就是德性。但这种说法并没有什么用。德性论者常常列出各种美德，诸如仁慈、诚信、勇敢、慷慨、忠诚等等。他们还会对这些德性做出细致的分析。然而，德性论者给出的列单从来没有完全重合过，这就有了争论的空间，究竟哪些德性应该被包含进来？此外，德性的判定标准也不总是十分清晰。

上述问题使得德性论暗含着一个危险，即德性论者只是将自己的偏见和偏爱的生活方式重新定义为美德，而将那些他们不喜欢的行为归为邪恶。喜欢美食和美酒的人可能会认为，味蕾的微妙刺激是过好生活的必需要件，那么热爱美食和美酒就成了一种美德。主张一夫一妻制的人或许会宣称，仅对一位性伴侣保持忠诚是美德；但在性生活混乱的德性论者看来，或许性独立才是美德。这样一来，德性论可能就会沦为偏见的学术伪装。更重要的是，如果德性论者只选择接受那些在特定的社会中才被认为是美德的行动、渴望和感觉的模式，那么这一理论在本质上就是保守的，而社会也就几乎无法在道德上有所进步。

人类的本性

德性论的另一个反证认为，这一理论预设了人类具有本性，因此才存在一些普遍的、适用于所有人类的行为和感情模式。然而，这种假设遭到了许多哲学家的反对。他们认为，相信人类存在本性的想法大错特错。我将在下文的自然主义一节对此进行详细探讨。

此外，德性论者还假设个体的性格会保持相对稳定，比如，一个慷慨的人应该在各种环境中都保持慷慨。但最近的心理学研究表明，环境对我们的影响远比我们想象的要大——我们的行为在不知不觉间已经受到了环境各方面的极大影响。例如，比起站在五金店门外，人们在面包店外闻着新出炉的面包香味时会表现得更加慷慨。如果我们的行为很容易受到外界影响，那么这就让人不得不产生怀疑，德性论者所大为赞扬的有德性的人是否能够真实存在。环境对我们的塑造力或许远大于人们对此的普遍意识，这就使得大多数德性论者所持的观念，即一些固定的德性可以作为人类道德的基础，显得不太可靠了。

应用伦理学

到目前为止，我已经在本章中介绍了三个基本的伦理理论，当然，伦理学还有许多理论，不过这是其中最重要的三个。现在，让我们来看看哲学家如何在真实而非想象的道德决断中应用自己的理论。这就是所谓的应用伦理学，也称为实践伦理学。为了阐明应用伦理学所考虑的内容，我们将重点讨论一个伦理问题，即安乐死，或者说是怜悯杀人。

安乐死

安乐死常被定义为怜悯杀人。安乐死是否合理的问题主要是针对那些十分年老和长期病重的人，尤其是当他们处于极大痛苦中的时候。比如，如果有人很痛苦，而且也没有希望再去过一个有价值的生活，在这个时候，关掉维持他们生命的设备，或者甚至给他们注射一剂致命药物，是否是道德可接受的呢？这就是一个实际的道德问题，在现实生活中，医生常常就要面对这种选择。

和大多数应用伦理学一样，与安乐死相关的哲学问题并不都是伦理问题。光拿安乐死的类型来说，我们就能对此做出许多重要的区分。首先是自愿安乐死——患者希望死去，而且表达了自己的意愿，这通常是协助自杀的一种形式。其次还有非自愿的安乐死——患者并不希望死去，但人们忽视了他的意愿，这在多数情况下相当于谋杀，虽然也有例外。此外还有无意愿安乐死——患者神志不清，或者无法表达自己的意愿。在此，我们将重点讨论自愿安乐死的道德问题。

每个人所接受的伦理理论显然决定了他们对待具体问题的态度。所以，在面对安乐死的问题时，接受了本章开始讨论的义务论的基督徒，和接受了约翰·斯图尔特·密尔提出的结果论的功利主义者，恐怕会给出完全不同的答案。基督徒大概会对自愿安乐死的道德正义性产生怀疑，因为这违背了《十诫》中的戒律"毋杀人"。但问题恐怕没那么简单，因为这条戒律可能会与《新约》中的戒律"爱你的邻居"相矛盾。如果有人十分痛苦，并且希望死去，那么帮助他们结束生命就可以是一种爱的行为。因此，一个基督徒必须做出决定：这两条戒律中的哪条更有力，然后依此行事。

同样，接受康德理论的人可能会觉得自己受责任的约束，因此永远都不能杀人。杀人似乎与康德的观点相悖，即我们应当将他人当作目的，而永远不能当作手段，并且尊重他人的人性。但是，在自愿安乐死的情况中，如果这是患者所希望的，而他又无法独立完成，那么这条定言令式也可以为结束他人生命提供道德正义的解释。

功利主义者看待问题的角度则完全不同。他们面对的困难不是义务矛盾，而是如何计算各种可行行为可能会造成的影响。哪种行为能够为最多人带来最多幸福，或是至少在幸福与不幸间达到幸福最大的平衡点，哪种行为就是道德正确的。功利主义者会考虑患者可能遭受的后果。如果患者继续活着，那么他或她就会经历巨大的痛苦，而且大概也活不长久。如果通过安乐死结束患者的生命，痛苦就会停止，但一切获得幸福的能力也将随之消失。不过，这还不是所有需要考虑的因素，除此之外还有许多副作用。比如，让患者安乐死可能会导致其亲友的悲痛。而且，安乐死的行为或许还会触犯法律，那么协助患者安乐死的人就要冒着被起诉的风险。这也会引起一般违法行为的道德问题。

此外，实施安乐死这一行为本身还有一个副作用，即这可能会使不良医生更容易打着患者意愿的幌子杀害他们。反对所有类型安乐死的人经常举出希特勒灭绝技术的例子，这些灭绝技术最初就是在一个非自愿安乐死计划的受害者身上试行的。每一个自愿安乐死的行为都可能会为引入非自愿安乐死的政策添砖加瓦。在具体的安乐死行为中，功利主义者就需要权衡这些可能性，才能决定其在道德上是否正义。

德性论者所考虑的角度又有不同，他们强调的是安乐死实施者的品格。虽然通常来讲，杀人既不符合正义的美德，也与仁慈的美德相悖，但在他人自愿安乐死的特殊情况下，如果死亡很明显能够让他人受益，那么从仁慈的角度来说，这也是可以被允许的。但是即便如此，安乐死的行为恐怕还是违背了正义的美德。德性论者不会定下严格的行为准则，他们更关注具体事件的细节。

从上文对安乐死这一实际伦理问题的探讨中可以看到，就我们该怎样去做的问题而言，几乎没有简单的解决办法。然而，我们却常常被迫需要做出道德判断。当代科技和基因学的迅速发展不断引发各种全新的、有关生死的伦理学问题。在医药科学领域，由体外受精技术和基因工程所带来的伦理问题相当棘手。诸如计算机科学等领域的技术突破，使得从前难以想象的、大规模的监控和获取个人信息成为可能。而艾滋病的大流行也曾引发众多道德争论，即什么情况下能够强迫他人做 HIV 病毒检测？厘清这类问题的解决方法只会有益无害。不过，在真正的道德讨论中，哲学的最大作用往往不体现在某个道德理论的应用上。哲学家擅长发现这种讨论中的推理错误，但这些错误只是逻辑上的，并非是道德层面上的。实际上，伦理决定仍然是我们所面临的最困难，也是最重要的抉择。而我们每个人，最终都要为自己所做的决定负责。

伦理学和元伦理学

到目前为止，我们已经探讨了三种伦理理论：义务论、结果论和德性论。这些都是一阶理论，其所关注的问题是我们该如何行事。此外，道德哲学家还会讨论二阶问题：这些问题的关注点并不在于我们该怎样做，而在于伦理理论本身。这种以伦理理论作为研究对象的理论学说就是元伦理学。一个典型的元伦理学问题是，"道德意义上的'对'是指什么？"在此，我将探讨三个元伦理学理论的例子：伦理自然主义、道德相对主义和情绪主义。

自然主义

在 20 世纪，人们讨论最多的元伦理学问题之一就是，能否接受所谓的自然主义伦理理论。自然主义伦理理论基于这样一种假设：伦理评判直接源于科学上可发现的事实——通常指与人类本性相关的事实。

功利自然主义通过描述人类本性来探讨我们应该如何去做，在理想情况下，功利主义会科学地计算每一个人所拥有幸福的质量和数量，从而论证对与错。相比之下，康德主义与人类心理的关系没那么大：我们需遵守的绝对义务应该基于逻辑，而非心理考量。

自然主义的反证

事实 / 价值的区别

许多哲学家认为，所有的自然主义伦理理论都基于一个错误：未能认识到事实与价值在本质上是极为不同的两种东西。自然主义的反对者，即反自然主义者，提出论点称，任何事实描述都不能自动导向价值判断：我们总是需要进一步的论证。有时这也被称为休谟法则，取名自大卫·休谟。大卫·休谟是最早提出这个问题的哲学家之一，他指出，道德哲学家常常不经过进一步论证，就将讨论的内容从"是什么"直接推向"应该做什么"。

反自然主义者认为，要从事实到价值，或者有时也称作从"是"到"应该"，需要做出进一步的论证，而这几乎不可能完成。事实和价值是完全不同的领域，而人类幸福和道德价值之间也没有逻辑关联。G. E. 摩尔（1873—1958）最早提出了自然主义谬误的概念。反自然主义者有时会使用这一术语来描述所谓从事实到价值的论证错误，而谬误并不是一种好论证。

反自然主义者用来支持其立场的其中一个论证是公开质疑的论点。

公开质疑的论点

这一论证最初由 G. E. 摩尔提出，其本质只是一种让人们对已有的道德信念更加清晰的方法。它意在说明，我们中的大多数人，在我们思考"好"或"对"这样类似的道德术语时，其实就已经拒绝了自然主义。

具体的论证过程如下。首先，以任何一种从事实导向道德结论的表述为例。比如之前那个好心人的例子，在面对遭抢劫的受害者时，这位好心人可以有很多选择，但他选择了施以援手，因为这个选择能为最多人创造最大的幸福，这整个过程可以称为是一个事实。根据功利主义（伦理自然主义的一种形式），我们从这个事实就可以逻辑推得，帮助这位受害者的行为在道德上是好的。然而，使用公开质疑的论点这种论证方法的反自然主义者会指出，我们仍然可以提出问题"虽然这种行为很可能为最多人创造出最多幸福，但这在道德上就是好的吗？"，这一问题与上述事实也并无逻辑不洽之处。如果自然主义的这个观点是对的，那么这个问题就毫无意义：答案应该是显而易见的。但反自然主义者认为，事实上，这仍是一个开放的问题。

反自然主义者声称，任何从自然属性自动导向道德结论的表述都可以用类似的问题来进行反驳。公开质疑的论点是他们用来支持自己主张的一种方式，而反自然主义者的主张就是"是"无法推导出"应该"。

不过，公开质疑的论点并不能证明"是"绝对无法推导出"应该"。有哲学家指出，一些社会实例表明这种转变是可能的。比如，假设我承诺要付给你十英镑，如果我真诚地向你说出"我承诺付给你十英镑。"那么我说出这句话的事实，就使我有了遵守付给你十英镑这一承诺的道德义务。这似乎可以看作"是"无法推导出"应该"的一个反例。

不存在人类的本性

此外，还有哲学家从另一个角度对自然主义伦理理论（至少是那种宣称道德是由与人类本性相关的事实所决定的理论）提出了反驳，让-保罗·萨特（1905—1980）就是其中一位。他在《存在主义和人道主义》的演讲中阐述了自己的观点。这种反对意见认为，德行论理论假设人类具有本性，这本身就是一个错误。他们指出，这种假设其实是一种自我欺骗，是对我们每个人所负有的重大责任的否认。我们必须选择自己的价值观，且伦理问题从来都没有简单的答案。我们无法通过科学地描述这个世界的样子来搞清楚自己该怎么做，但同时，我们却不得不做出各种道德决定。这就是人类现状的一部分：即便没有任何坚实的外界指导，我们也必须靠自己做出这些价值判断。伦理自然主义否定了我们为自己做出选择的自由，是一种自我欺骗式的否认。

道德相对主义

不同社会中的人有不同的习俗，关于对错的看法也不同，这一点无可争议。虽然人们对许多行为对错的评判都有重合之处，但这并未形成全世界统一的共识。如果我们考虑到有多少道德观念已经随着时间、地点而改变，那么我们自然就会想到，世界上没有绝对的道德事实，有的只是你成长的社会所相信的相对道德。按照这种观点，虽然现在大多数欧洲人都不认可奴隶制，但是在古希腊时代，人们普遍认为奴隶制在道德上是可接受的，那么奴隶制对古希腊人来说就是对的，对今天的欧洲人来说才是错的。这就是道德相对主义，即道德只是在特定时间，由特定社会所持有的价值描述。这是一种关于道德评判本质的元伦理学观点。道德评判只有在相对于特定的社会而言时才有对错之分。不存在绝对的道德评判：它们都是相对的。道德相对主义与那些认为行为存在绝对对错的观点（比如许多人相信道德是上帝对人类的指示）截然对立。

基于上述观点，相对主义者还常常提出，既然道德是相对的，那么我们永远都不该干涉其他社会的习俗，因为我们永远无法从中立的立场作出评判。这种观点尤其受到人类学家的推崇，大概是因为他们常作为第一手见证人，目睹了许多因野蛮输入西方价值观而导致原有社会分崩离析的例子。相对主义再加上上述该如何对待其他社会的主张，就构成了人们通常熟知的规范相对主义。

道德相对主义的反证

相对主义是自相矛盾的吗？

道德相对主义常被指责为自相矛盾，因为他们一面宣称所有的道德评判都是相对的，另一面又试图说服人们道德相对主义这一理论本身是*绝对*真实的。对于一位道德相对主义者来说，如果他还是一位真理相对主义者，那么这是他要面对的困难。真理相对主义者认为世界上没有绝对的真理，只有相对于特定社会的真理。这种相对主义者无法承认任何理论是*绝对*真实的。

当然，规范相对主义也摆脱不了自相矛盾的质疑。规范相对主义者既认为一切道德评判都是相对的，又认为各个社会不应该彼此干涉。但第二个观点显然是一个绝对的道德评判，这完全违背了其基本前提。此番反证相当有力。

什么是社会？

道德相对主义者常常说不清社会到底是什么。比如，当代英国的一些亚文化群体认为，为了娱乐目的而使用禁药在道德上是允许的。那么，相对主义者在什么情况下会承认这些亚文化群体组成了一个独立的社会，并且拥有不该受其他文化指责的自主道德观呢？这一问题没有显然的答案。

无法指责的社会道德价值

即使能够解决上述问题，道德相对主义还需要面对另一个困难，即这种理论似乎抹杀了指责某个社会核心道德价值的可能性。如果对于这个社会的道德评判只取决于其自身的核心价值，那么这些核心价值就无法在*道德*上受到指责。要是一个社会的主流观念就是妇女不应享有投票权，那任何支持妇女选举权的行为就都是相对于这个社会价值的不道德。

情绪主义

元伦理学的另一个重要理论是情绪主义，也称为非认知主义。情绪主义者，如 A. J. 艾耶尔（1910—1988）在其著作《语言，真理和逻辑》的第六章所言，一切伦理表述都是无意义的。这些表述展现不出任何事实，只是这些发言者自己的情感表白。道德判断根本没有实际意义：它们只是表达了情感，就跟嘟囔、叹气和发笑一样。

因此，当某人说"虐待是错的"或"你应该说实话"时，他们能表达的仅仅只是自己对于虐待和说实话的看法。这些话既不是真的也不是假的：这差不多就跟在提到虐待时大喊"不好！"，和在提到说实话时喊一声"好！"一样。实际上，情绪主义有时就被称作好/不好理论。就跟某人喊"好"或"不好"一样，他们除了表达自己的看法，还试图鼓励他人分享自己的情绪，所以道德表述的宣称人也常常想要说服别人，希望大家都能跟他们观点一致。

情绪主义的反证

无法进行道德争论

情绪主义的反证之一是，如果情绪主义所宣称的是真的，那么我们也就不可能进行道德争论了。按照情绪主义，任何道德争论最多都只是两个人在互相输出情绪：相当于一个人喊"好"，而另一个人喊"不好"。但是这种反证指出，我们的确会对道德问题进行十分严肃的讨论，因此情绪主义一定是错误的。

不过，情绪主义者恐怕不会把这种反证当回事。在所谓的道德争论中，我们所作的讨论有很多种。比如，在探讨堕胎是否符合道德标准这样的实践伦理问题时，部分争议实际上可能是事实问题。人们争论的或许是胎儿长到多大时就可以在子宫外生存。这是个科学问题，而非伦理问题。或者，那些进行伦理争论的人们所关注的可能只是诸如"对""错"或"责任"这样的术语该如何定义等等：情绪主义者承认这样的讨论是有意义的。只有实际的道德评判才仅仅是情感的表达，比如"杀人是错的"。

所以，情绪主义者同意存在一些有意义的关于道德问题的争论：只有当争论者做出实际的道德评判时，这场争论才变成了无意义的情绪输出。

危险的后果

情绪主义的第二个反证认为，就算情绪主义是对的，它也会带来危险的后果。如果每个人都相信"谋杀是错的"这种表述就跟一个人说"谋杀？这事不好！"一样，那么，社会将会陷入混乱。

像康德理论这种认为道德评判对所有人都适用——并非个人私事——的观点就有充分的理由可以让每个人都遵守大众普遍认同的道德准则。但是，如果我们在评判一个行为道德与否时，所做的只是表达自己的情绪，那么我们做出何种评判似乎都不重要：要是我们的确有这样的感受，我们甚至可以说"虐待小孩是对的"。而且没人能就此事对我们进行有意义的反驳，他们最多也只能表达自己对此事的道德感受。

不过，这个论证并未直接反驳情绪主义，所以这并不是一个真正的反证：它只是提出，如果大家广泛接受了情绪主义，那么可能会造成危险的后果。这其实是另外一个问题了。

结　论

在本章中，我们简要探讨了道德哲学，可以看出，这是一个相当庞杂的哲学领域。"二战"后的英美哲学家倾向于探究元伦理学问题，而最近的哲学家则更多地将目光放在了实践伦理问题上，比如安乐死、堕胎、胚胎研究、动物实验等等话题的道德性。虽然哲学不能对此给出简单的回答，并且哲学其实也不可能为任何道德问题给出一劳永逸的回答，但是，哲学可以提供专业的术语和框架，以供人们明智地探讨这些问题。

❀ 延伸阅读

詹姆斯·雷切尔所著的《道德哲学的元素》（第四版，麻省波士顿：麦格劳－希尔出版社，2003）篇幅不长，是一本优秀的伦理学入门书籍。此外，西蒙·布莱克本所著的《伦理学：极简介绍》（牛津：牛津大学出版社，2003）也是这一领域的佳作，此书最初名为《行善》（牛津：牛津大学出版社，2002）。

理查德·诺曼所著的《道德哲学家》（第二版，牛津：克拉伦登出版社，1998）很好地介绍了伦理学史，其中包括了很详尽的阅读建议。

最好的功利主义入门书籍当属乔纳森·格洛弗所著的《功利主义及其批评者》（纽约：麦克米伦出版社，1990），书中既节选了边沁和密尔最重要的论述，也包含了一些功利主义及其变体的最新进展，其中一些资料相当前沿，但格洛弗对每一部分都做了十分有用的介绍。罗杰·克里斯普所著的《密尔论功利主义》（伦敦：劳特利奇出版社，劳特利奇指导书系列，1997）也是这一领域的杰出作品。J. J. C. 斯马特和伯纳德·威廉姆斯所著的《功利主义：赞成与反对》（剑桥：剑桥大学出版社，1973）从传统角度探讨了功利主义。

在应用伦理学领域，乔纳森·格洛弗所著的《导致死亡和拯救生命》（伦敦：企鹅出版社，1977）和彼得·辛格所著的《实践伦理学》（第三版，剑桥：剑桥大学出版社，2011）都十分有趣且易于理解。彼得·辛格编著的《应用伦理学》（牛津：牛津出版社，1986）也是极佳的论文集，他编的《伦理学伴侣》（牛津：布莱克威尔出版社，1991）对很多伦理学议题做了更实质性的介绍。麦克尔·桑德尔所著的《正义：什么是正确的事？》（伦敦：艾伦莱恩出版社，2009）也是一本关于道德的书籍，此书涉及范围广、可读性强。作者否定功利思想，支持亚里士多德主义，并使用了现实生活中的例子来支持自己的观点。安妮·汤姆森所著的《伦理学中的批判性推理》（伦敦：劳特利奇出版社，1999）是一本十分有用的、指导如何在伦理学问题中应用批判性思维的书籍。

J. L. 麦凯所著的《伦理学：发明对与错》（伦敦：企鹅出版社，1977）和 G. J. 沃诺克所著的《当代道德哲学》（伦敦：麦克米伦出版社，1967）尽管内容较为晦涩，但都是值得一读的道德哲学入门佳作。

第三章

动　物

　　人类和其他非人类动物有何区别？哲学家很早就思考过这类问题。基于道德的素食主义自古已有：一些古希腊人便拒绝吃肉。尽管如此，几千年来的主流观念仍然认为动物是为人类服务的，人类可以按照自己觉得合适的方式对待它们——包括杀掉吃肉、制作毛皮大衣和鞋履、进行科学和商业研究，动物甚至还有诸如游钓、游猎、杂耍和斗牛等娱乐用途。不过，自20世纪末以来，哲学界越发关注动物体验，以及人类该如何对待非人类动物的问题。动物福祉问题已成为越来越不容忽视的道德问题，不再是仅与养殖业或科学方法相关的现实问题。

动物痛苦

　　不难想象，狗、猫、牛或猩猩之类的哺乳动物能够感受痛苦，并且不喜欢痛苦。这些动物都会嚎叫、抗拒，还会表现出许多对身体伤害感到痛苦的迹象。虽然动物显然不能像大多数人类一样用语言描述自己的感受（或许少数黑猩猩能在人类的训练下学会一些基本手语），但到目前为止关于这些动物行为最可靠的解释是，它们或多或少都和我们一样感受到了痛苦。

因此，在讨论人类该如何对待动物时，第一个需要考虑的问题就是承认大多数，甚至是所有动物，都有感受痛苦的能力。这使得动物既不同于桌子、石头和汽车等无生命物体，也不同于没有神经系统的植物。尽管极少有人对此提出异议，但历史上至少有一位哲学家确实这样做了，他就是勒内·笛卡尔。

动物痛苦的反证

"动物感受不到痛苦"

与同时代的许多人一样，笛卡尔也相信人类与其他动物有着本质的不同。他认为，人类拥有可以与肉体进行交流的灵魂。但遗憾的是，笛卡尔并不相信其他动物也有灵魂。在笛卡尔看来，动物表现出痛苦的举动可以用机械学来解释。人类的身体和动物的身体是相似的，因为二者都像机器一样运作。但两者的区别在于，人类"机器"是由灵魂所掌控的，并且灵魂和身体间存在相互交流，而动物"机器"则只是机器。所以，一只狗在爪子被夹住时嚎叫，就跟安了警报铃的机器没什么两样。这只狗的嚎叫并不是真实痛苦的体现。这意味着笛卡尔并不会对动物活体解剖感到良心不安——毕竟是为了科学进步。在笛卡尔的观点中，因为人类拥有可以感受到极大痛苦的灵魂，所以对人类进行活体解剖是道德暴行，而对动物进行活体解剖就没有什么道德上的错误。

笛卡尔动物痛苦观的反证

基于难以置信的理论

笛卡尔的动物痛苦观基于一种难以置信的理论，即心灵在本质上只是存在于身体"机器"里的某种"幽灵"（即心物二元论）。

对于相信某种物理主义的人来说，心灵和体验不仅依赖于身体的存在，更是经由身体才能产生，很难相信会有人认为动物无法感受痛苦，既然动物与人类的神经系统如此像。哪怕是心物二元论者，如果他们相信动物有心灵的话，也会承认动物能够感受痛苦。

达尔文进化论解释了人类与其他动物之间的相似性

好在极少有人认为动物没有感受痛苦的能力。达尔文的进化论对此功不可没，它不仅阐明了人类很可能是如何由其他动物演变而来的，还强调了二者之间的紧密联系。在进化论被广泛接受之前，大众普遍认为人类与其他动物是截然不同的两种生物。

尽管如此，仍有人坚持认为动物与人类的痛苦极为不同，其主要理由是动物没有语言，无法像人类一样对自己真实的和潜在的痛苦进行思考。但是，持这种观点的人需要考虑，人类若是还未习得语言，或是因中风及其他大脑损伤而无法说话，那么这些人的情况也与上述非人类动物差不多。

动物痛苦的意义

考虑到动物，尤其是神经系统与人类几乎相同的哺乳动物，明显能够感受到痛苦，并且不喜欢痛苦。那么接下来呢？杰米里·边沁（见第二章）认为，一切道德评判都应将动物痛苦纳入计算，并以此决定我们该如何行动。边沁功利主义的基本理念就是要将快乐最大化、痛苦最小化。他提出"幸福计算"公式来衡量任何预期行动可能带来的幸福与痛苦，而既然动物能够感受到痛苦，那它们的痛苦也就应该包含在"幸福计算"里。

不过，边沁也认识到，大多数人类都能够体验到与其他动物不同的快乐和痛苦。以痛苦体验来说，人类可以通过语言进行交流并预测行为的可能后果，这一点就与动物不同。这意味着，在监狱里等待酷刑的囚犯要比同等处境下的动物经受更强烈的精神痛苦，因为他能够预测接下来要发生的事。如此就使得同等处境下，人类的痛苦总量要大于动物。

这并不是不计算动物的痛苦，只是说在强度、持续时间以及产生的影响上，动物的痛苦可能与人类不同——在衡量一系列行为所引起的快乐和痛苦时，这些都是需要考虑的因素。一些功利主义者从这个角度出发，认为只要采取人道饲养，并且以带给动物最小痛苦的方式宰杀它们，人类食用其他动物在道德上就没错。当考虑动物在饲养和屠宰过程中经受的所有痛苦时，人类食肉的快乐也必须予以考量。如果人类所获快乐大于动物的痛苦，那么根据简单的幸福计算，食肉就是道德合理的。这其实也是边沁自己的立场。

动物福祉

然而，在现实生活中，大规模养殖业常常保证不了动物的福祉。一些国家默许所谓的"工厂化养殖"，把猪、牛、鸡等动物——显然它们都能感受到痛苦——圈在狭小拥挤的空间里，全然不顾动物的痛苦，仅仅将其当作以最低成本生产肉、蛋或奶制品的手段。任何功利主义计算都无法将这种做法合理化。

物种歧视

澳大利亚当代哲学家彼得·辛格（1946—　）等称，将动物利益与人类利益区别对待是"物种歧视"（这一术语最初由理查德·莱德提出）。物种歧视有点类似于种族歧视，是一种基于不相关理由的偏见歧视，并且和种族歧视一样，是人们尽量规避且强烈谴责的行为。种族歧视者通常不会将那些受压迫群体的利益作为自己行动的考虑因素。他们乐意对其他种族施加痛苦，因为他们相信，自己的种族更高一等。

和种族歧视主义一样，物种歧视主义认为其他群体的利益无足轻重，或者说不那么重要，只不过在物种歧视中，这个其他群体指的是非人类动物。在物种歧视者看来，道德价值的定义取决于物种，而非相关个体拥有利益的能力。但在反物种歧视者看来，这是一种对自己同类的无理偏向。

需要指出的是，反物种歧视者并不是要求人类完全按照同样的标准对待所有动物。重要的是平等考量动物的利益，因为它们也是生命，也有生活和体验。这通常意味着，当非人类动物利益和人类利益相冲突时，反物种歧视者仍会优先考虑人类，但这并非仅仅基于人类作为"智人"的物种身份，而更多是基于其他方面，比如人类更能感受到某种心理痛苦的能力。

物种歧视的论证

动物存在是为了人类利益

"物种歧视"不是一个中性词，它暗含着强烈的反对意味。一些基督徒宣称，上帝赋予了人类统治其他动物的权利，所以我们有权区别对待人类和非人类动物：这就是上帝创造动物的部分原因。换言之,他们认为自己的物种歧视得到了圣经的允许,是上帝为人类所作计划的一部分。许多非基督徒也持有相同的观点:比如亚里士多德就认为,其他动物是为了人类而存在的——它们是驮运重物的牲畜、潜在的食物和交通工具,其皮毛还是制作大衣和鞋履的绝佳材料。

动物不会互相尊重

物种歧视者有时会用到的另一个论证理由是,动物显然不会互相尊重,许多动物彼此残杀相食。既然虎鲸会吃掉小海豹,那我们为什么不能捕猎虎鲸呢?这种论证称,如果动物本身就会互相伤害、捕杀,把彼此当作食物,那我们为什么不能这样对待它们呢?

对此的一种回应提出,非人类动物没有能力把这类事情想清楚、衡量各种选项、做出理智的决定。但是人类可以,所以我们应该这样做。此外,反物种歧视者还指出,肉和鱼不是人类的必需品:没有这两样,人类照样可以活得很好,但许多动物对此却别无选择。有人还提出,医学证据表明,对人类来说,均衡的素食餐远比含肉类的餐食健康。更健康的生活不仅能增加幸福、降低痛苦,还能减少对稀缺公共健康资源的需求,所以素食优于肉食甚至是有功利主义理由的。这种论点有时还会与生态论点相结合,即耕种作物要比饲养动物更高效,并且产生的二氧化碳也更少,因此对所有人都有益。

像偏爱我们自己的孩子一样

物种歧视者还提出了一种论证，在这种论证中，物种歧视者将其对本族成员的偏爱类比于父母对孩子的偏爱，当孩子的利益与他人的利益发生冲突时，父母总是会偏向自己的孩子。比如，一位母亲会更希望自己的孩子获得工作，即使这意味着其他人将得不到工作。人们觉得这种偏爱理所应当。如果有父母总是乐意看到其他孩子的优点，而不是自己孩子的，反而会很奇怪。如果你认为这种对我们后代利益的过分关心是道德上可接受的，甚至是必需的，那么你或许也会接受这样一种观点，即同样的类比推理也适用于我们自己的物种成员。这种论证认为，我们整个物种就像一个大家庭（某种程度上来说确实如此），所以相较于其他动物，我们会对人类予以特殊关照，这在道德上完全合理。

反物种歧视

反物种歧视基于这样一种观点，即非人类动物，尤其是哺乳动物，显然拥有利益。比如，与石头不同，一只老鼠拥有不受伤害的利益，而一只黑猩猩则拥有不被当作实验体的利益。我们知道，要是让夹子夹住了腿，老鼠肯定不好受，而黑猩猩如果被关在笼子里注射各种药物，估计也是痛苦不堪。反物种歧视者认为，考虑动物利益不应以它所拥有的能力为条件，而应仅取决于它拥有利益这一事实。动物拥有利益的最重要特征就是它能够感知痛苦——这是拥有任何利益的前提。辛格等反物种歧视者认为，既然我们知道非人类动物的确拥有不经受痛苦的利益，那么我们就该做个素食者（甚至是严格的素食主义者），还应该停止大部分，甚至是全部动物实验。当准备对动物进行实验时，我们就需要考虑，自己是否会将完全一样的实验施加于与实验动物智力相似的孩童身上。此外，物种歧视者将非人类动物当作低于人类的物种对待，认为它们不值得享受与人类同等的尊重，那么，比人类更高级的外星智慧物种也能基于同样的理由，把人类当作食物饲养。

反物种歧视的反证

猩猩还是人类？

试想一只猩猩和一个智力完全相当的人类孩童同时被困在了一栋燃烧的建筑中，而你只能救一个。如果你选择救猩猩，这是否有错呢？类似的假设思想实验表明，许多人至少都会有强烈的本能，认为比起其他物种，我们更应该关心自己的同类。但如果这个孩子因为脑损伤，智力水平还不如猩猩呢？

即便在这种情况下，许多人仍会认为不顾孩子先救猩猩的行为是错误的。的确，当面临动物与人类的取舍时，即使人类个体的智力水平比动物更加有限，人类也似乎永远是我们本能的正确选择。但反物种歧视者称，这种本能在某种程度上是误导，猩猩继续存活的利益需要得到充分考虑，而且在这种情况下，决定让猩猩等死的人必须想明白，为什么他们不会以同样的方式对待一个同等或更低等智力的人类孩童。

动物有权利吗？

有人认为，动物不仅拥有继续存活和享受福祉的利益，还有应得到尊重的道德权利，例如不被伤害的权利，并且，这些都应该写进法条（目前还没有）。实际上，一些评论者就将关注动物福祉的人看作"动物权利"运动的参与者。

动物权利的反证

权利意味着责任

不过，有许多哲学家认为，赋予任何非人类动物以权利都是错的，因为权利意味着责任。如果你承担不起相应的责任，你就不能拥有道德权利。而动物无法承担责任。动物没有语言能力，因此无法理解任何有关权利的概念。权利只有在人类世界中才有意义，只有人类才能够认知并履行自己对他人的责任。要想进入权利的领域，就必须有能力成为道德群体的一员，并且能够以道德准则约束自己。但需要注意的是，即便你接受了这一论证，也不意味着你就能随心所欲地对待动物。许多呼吁更多关注动物利益的人士完全否认动物拥有道德权利，但是他们仍主张动物痛苦和动物福祉不容忽视，或是认为恶劣地对待动物就是间接地伤害人类自己。

针对上述动物拥有道德权利的反证，有反对意见提出，一些人类没有承担责任的能力，但也享受着权利。例如，永久植物人享有权利；许多人认为孕晚期的胎儿享有权利；而在更多人眼中，未习得语言能力的孩童也享有权利。即便一些不幸的孩子智力无法发育，永远不能理解和履行任何道德责任（比如大脑严重损伤的情况），他们享有权利这一点也不会变。如果这种无力承担责任的人类可以享有权利，那么我们当然也不能排除动物拥有权利的可能性。

间接动物责任

有人就我们该如何对待动物提出了另一种观点，其基本理念是人类对动物不负有任何直接责任，因此也不需要关心它们的利益。我们表面上对动物负有的责任，实际上是对其他人类负有的*间接*责任。换言之，虽然在许多情况下，伤害动物仍然是错的，但是其错误在于我们应对他人负责，而非任何我们应对动物负有的责任。这种观点认为，思考、承担责任等能力是拥有权利的前提，而动物的心理、智力发育水平都达不到这一标准。

比如在康德看来，伤害动物之所以是错的，不是因为动物感受到了痛苦，而是因为伤害动物会有损于我们自己的品格，还有可能损害让我们得以与其他人类建立良好关系的性情。由此推知，如果某人残忍地殴打自己的狗，那他也可能对其他人类施以暴行。因此，我们应当鄙视这种残忍，但不是因为其本身的恶，而是因为残忍对待非人类动物的人，很可能也会残忍地对待其他人类。残忍虐待动物会损害人类的道德品格。在康德看来，狗的痛苦与对该行为的道德评判没有直接关系。所以，我们负有不伤害狗的责任，但负责的对象并不是狗，而是其他人类。

间接责任的反证

难以置信

在杰米里·边沁等功利主义者看来，动物所感受到的痛苦无疑与道德行为有关，而且必须予以严肃对待。任何目睹动物饱受折磨的人都无法相信，此种残忍行径之所以为道德错误，竟然是因为其对施暴者的影响。残忍对于施暴者的腐蚀自然有其道理，但对许多人来说，这与动物的痛苦体验无关。

基于未经证实的经验论断

间接责任理论基于经验论断，即所有施加于动物的残忍都会使人类对他人更加残暴。但这种说法或许并不准确。如果这条论断确有不实，那么康德的论证也就无法成立。如果虐待动物只是有时会导致这种影响，那我们也就没有义务一直以人道的方式对待动物。比如，传统的小牛饲养将牛犊圈在狭小的板条箱里，既没有稻草垫，也晒不到日光。如果有经验研究表明，这样的饲养方式并不会损害饲养主与其他人类的交流，那么即使这对非人类动物相当残忍，间接责任理论也无法对此进行反驳。

结 论

一些对哲学持批评态度的人认为，哲学让一切都保持原样，所以毫无意义。但是，有关动物福祉的哲学思考对社会产生了深远的影响，许多国家还因此修改了法规。

下一章我们将探讨另一个改变了人们思考和行为的哲学领域：政治哲学。

❀ 延伸阅读

罗莎琳德·赫斯特豪斯所著的《人类和其他动物：简介及解读》（伦敦：劳特利奇出版社，2000）最初是作为开放大学哲学课程的一部分而编写的，书中对本章所提及的许多论题都做了清晰的批判性概述，并提供了这一领域主要思想家的佳作。作者还探究了德行论如何能够给我们对待其他动物的问题带来启发。

苏珊·阿姆斯特朗和理查德 –G. 博茨勒所编著的《动物伦理学文集》（第二版，伦敦：劳特利奇出版社，2008）涉及题材广泛，讨论了动物伦理学和动物心灵。

彼得·辛格所著的《实践伦理学》（第三版，剑桥：剑桥大学出版社，2011）探讨了物种歧视。

罗杰·斯克鲁顿所著的《动物的对与错》（修订版，伦敦：Continuum 出版社，2006）抨击了动物拥有权利的观点。

第四章
政　治

什么是平等？什么是自由？这些是有价值的目标吗？如何达成这些目标呢？国家基于何种理由来限制违法者的自由呢？违法行为是否有正当的情况？这些问题事关每一个人，也是政治哲学家试图阐明并解答的问题。政治哲学的内容极为广泛，与伦理学、经济学、政治科学和思想史都有重叠。政治哲学家的文章通常意在反映自己所处的政治境况。在这一领域，历史背景对于理解一位哲学家的论证而言尤其重要。鉴于本书篇幅有限，无法详述所讨论议题的相关历史背景，对思想史有兴趣的读者可以参考本章结束部分的延伸阅读内容。

在本章中，我将关注几个核心的政治概念：平等、民主、自由、惩罚和公民不服从，并讨论由此衍生出的哲学问题。

平　等

平等常被当作一个政治目标，一个值得追求的理想。

那些主张某种形式上的平等的人士则称为平等主义者。追求平等的动机通常源于道德：可能是基于在上帝眼中人人平等的基督教信仰；康德理论的支持者相信平等尊重每一个人的合理性；功利主义者则认为平等对待所有人是使幸福最大化的最佳途径。平等主义者提出，政府应积极采取行动，不光要意识到道德平等，还要让平等落实到人民的生活中。

不过，我们要如何理解"平等"呢？人类显然无法处处平等。每个人在智力、相貌、运动能力、身高、发色、出生地、穿衣喜好等诸多方面各不相同。要求所有人在每个方面都绝对平等肯定是荒谬的，这种完全的一致性也毫无吸引力。平等主义者不可能提倡世界上的每个人都成为彼此的克隆版。然而，虽然将平等解释为完全一致显然不妥，但一些平等主义的反对者仍坚持这种说法。这就好像是立了个稻草人：做个简单的靶子，目的就是为了击倒它。他们指出每个人之间重要的不同之处，或是强调即使能够达到近乎一致，大家也会很快恢复原样，由此觉得自己驳斥了平等主义。但是，这种反击的对象只能是单一的理论产物，丝毫影响不到大多数平等主义的主张。

平等始终是针对特定，而不是所有方面而言的。所以，当某人宣称自己是平等主义者时，要注意其真正所指。换言之，除非阐明了其所主张平等的对象和受益者，否则"平等"一词在政治语境中毫无意义。金钱、工作机会和政治权力是平等主义者最常呼吁应该平等或更平等分配的对象，虽然每个人的喜好相去甚远，但所有人都能从这三样东西中极大获益，过上有价值且愉快的生活。更加平等地分配它们就是对所有人类给予平等尊重的一种方式。

平等分配金钱

极端的平等主义者或许会要求将金钱平等分配给所有成年人，每个人都拥有相同的收入。在大多数社会中，金钱是人们生活的必需物，没有钱就换不来食物、衣服和庇所。重新分配金钱有一定的理由，比如站在功利主义的角度，这就是使幸福最大化、痛苦最小化的最可能途径。

平等分配金钱的反证

执行困难且有效期短

平等分配金钱显然是一个无法达成的目标，这一操作光是在一座城市里就已经很困难了，更别说还要把所有成年人都算进来。因此实际上，这种平等主义所能期待的最好结果只能是一种相较之下更加平等的金钱分配方式，比如为所有成年人设定固定工资。

但是，就算我们能对财富进行平等分配，有效期也不会长。不同的人有不同的花钱方式，聪明、狡诈、强壮的人很快就会攫取虚弱、愚笨、无知之人的财富。有人挥霍无度，有人省吃俭用；有人嗜赌成性，有人偷窃敛财。维持财富平等的唯一办法只能是由高层强行介入，但这势必会侵扰人们的生活，限制人们做自己想做之事的自由。

多劳应多得

针对任何试图实现金钱平等分配做法的另一个反对观点是，根据所从事工作及社会贡献的差别，不同的人理应得到不同的金钱奖励。比如，有人认为富有的工业老板就该给自己发最多的工资，因为他们对国家的贡献相对更大：为其他人提供了工作，还提高了其所在国的整体经济福利。

即便并非*理所应当*，这份高薪或许也是必需的，因为这能激励在位者高效完成工作，从而使社会的总体得利超过损失：没有这些人，每个人的所得或许都会少得多。而没有高薪奖励，有能力胜任的人也没有动力站出来承担责任。

平等主义和接受个人财富极不平等的观点在此显示出了根本上的不同。大多数平等主义者所秉持的基本信念是，只有适度的财富差距才是可接受的，并且这种差距最好对应于需求差异。这引出了针对平等分配金钱原则的另一个反证。

各有所需

一些人的生活需要比其他人花更多钱。如果一个人每天都得靠昂贵的医疗看护维持生命，那么在一个将社会总财富严格平分给所有人的社会中，他恐怕活不长久，除非这个社会特别富裕。基于各人需求分配金钱的制度，要比基于平等分配金钱的制度更有助于实现尊重共同人性的目标。

无权重新分配

一些哲学家认为，无论听起来有多好，重新分配金钱都必定会侵犯到个人处置其所有财产的权利，而这种侵犯无疑是道德错误的。他们宣称，权利永远高于其他一切包括功利理由的考量。罗伯特·诺齐克（1938—2002）在其著作《无政府、国家与乌托邦》中采取了这一立场，强调了民众保留合法财产的基本权利。

不过，这些哲学家面临的问题是，这些权利究竟是什么？它们又从何而来？虽然在一个公正的社会中，这种权利或许与法律权利一致，但这些哲学家所说的"权利"显然不是指法律权利：法律权利是那些由政府或权威机构所明确规定的权利。而我们所讨论的"权利"是自然权利，在理想情况下，自然权利应该指引法律的制定。有哲学家对自然权利的存在提出质疑：边沁所评"踩在高跷上的胡言乱语"就是指责自然权利的名言。支持国家无权重新分配财富的人应该至少能够解释其所言自然财产权利的由来，而不是仅仅强调其存在。然而，自然权利的拥护者显然未能做到这一点。

就业机会平等

许多平等主义者相信，就算无法实现财富的平等分配，每个人也都应该拥有平等的就业机会。不平等待遇尤为显著的一个重要领域就是就业。就业机会平等并不是说一个人可以无视其能力，随心所欲地挑选职业：允许任何想成为牙医或外科大夫的人从事这份工作，哪怕他们的手眼极度不协调，这种想法显然十分荒谬。就业机会平等是那些拥有相关技能和能力的人有同样获得相应工作的机会。但这仍可看作一种不平等，因为有人天生就幸运地拥有了潜力更强的相关基因，或是受到了更好的教育，因此在劳动市场看似平等的竞争中，这些人早已抢占了先机。不过，就业机会平等通常只是各种平等运动的一个方面，这些运动旨在实现更大的平等，比如教育资源的平等。

要求就业机会平等在很大程度上是因为，在某些职业中，种族和性别歧视十分普遍。平等主义者认为，任何拥有相关资质的人在寻求工作时都应得到同等考虑。没人应该因为种族或性别而受到歧视，除非极少数需要特定种族或性别的工作。比如，女性无法成为一名精子捐赠者，那么在这种情况下，将女性划出候选名单就没有违反任何机会平等的原则。

不过，一些平等主义者的要求更甚，他们不仅主张平等申请工作的机会，还认为应该消除特定职业中现存的不平衡，比如在法官这一职业中，男性从业者的数量就远多于女性。

这些平等主义者所提出的解决当下不平衡现象的方法即所谓的逆向歧视。

逆向歧视

逆向歧视是指主动招收那些先前处于劣势地位的群体成员。换言之，逆向歧视故意不平等地对待工作申请者，只不过其偏向对象是通常受歧视的那一方。这种不平等对待旨在加速社会平等的进程，不仅是通过消除某些职业中现存的不平衡现象，还意在由此为传统劣势群体的年轻人提供榜样，以供其效仿和看齐。

举例来说，尽管英国有许多女性本科生学习哲学，但高校哲学系讲师仍是以男性居多。逆向歧视的主张者称，面对这种不平衡，与其被动等待境况逐渐改变，我们更应该采取主动，在招聘大学讲师时特别关照女性申请者。这意味着，如果能力大体相当的男性和女性同时申请同一个职位，我们就应该选择女性申请者。但是多数逆向歧视的拥护者觉得这还不够，他们认为哪怕女性申请者的能力稍弱，只要她可以胜任此份工作并履行相关职责，我们也应该优先选择她。逆向歧视只是一种暂时措施，当传统受排斥群体的人数比例与其社会总体占比相当时，就可以停止这一做法。在一些国家这是非法的，但在另一些国家这却是法律所要求的。

逆向歧视的反证

反平等主义

逆向歧视的目的或许是平等的，但一些人们认为其做法却有失公平。对坚定的平等主义者来说，就业机会平等的一个原则是必须避免任何形式的基于不相关理由的歧视。能够区别对待申请者的理由只有一个，即申请者在与申请工作相关的方面具有资质差异。而逆向歧视的正当性完全基于这样一种假设，即在大多数工作中，申请人的性别、性取向和种族都是不相关因素。也正是因为这样，在那些以机会平等为根本原则的平等主义者看来，无论逆向歧视的最终结果听起来多有吸引力，这种做法也不可取。

逆向歧视的支持者可能会反驳，在当前形势下，劣势群体的遭遇比起广泛实行逆向歧视来讲更不公平。或是辩称，在适合采取这种极端政策的情况下，种族或性别实际上成为这一工作的相关资质，因为这份工作的部分职责就是为其所代表的劣势群体做出榜样。不过，后者所描述的情形是否还能算作逆向歧视仍有待探讨：如果这些特质是相关的，那么在招聘时考虑这些因素与其说是歧视，倒不如说是调整了这一特定工作的核心要求。

可能导致仇恨

虽然逆向歧视的目的是营造一个更加公平的社会，让某些职业的工作机会更加平等，但在实际操作中，这可能会引起针对劣势群体的更大仇恨。那些因自己不是来自劣势群体而丢掉工作机会的人，可能会对那些很大程度上靠自己的性别或种族获得工作的人产生仇视情绪。尤其是当雇主聘请了一个业务能力明显不胜任的人时，问题就更加明显。这不仅会加固其雇主和同事对劣势群体的糟糕偏见，还会导致这些人成为自己所代表群体的坏榜样。长此以往，逆向歧视与其实现就业机会平等的既定目标恐怕只会越来越远。不过，若是可以保证对逆向歧视受益者的最低能力要求达到较高标准，那么这一反证也就得到了驳斥。

政治平等：民主

人们追求平等的另一个领域是政治参与。民主制度因其让所有公民都能够参与政治决策的特性而饱受赞誉。不过，"民主"一词的用法很多，其中两个可能相互冲突的观点最为突出。一种观点强调民众需要参与国家政府的机会，一般是通过选举；另一种观点则强调民主国家需要真实反映人民的利益，即使人民本身或许并不知道自己真正的利益所在。在这里，我将着重讨论第一种观点下的民主。

在古希腊时期，民主国家是指由人民而非少数人（寡头制）或某一个人（君主制）统治的城邦国家。古雅典通常是民主制的公认典范，不过，如果你以为古雅典是由城内所有人共同领导的，那就大错特错了，因为女性、奴隶和其他居住在此的非城镇公民并不能参与决策。没有哪个民主国家会允许*所有*居住在其领土内的人都拥有投票权：那样会包括无数像孩童和精神严重损伤者这样不能理解自己行为的人。但是在今天，一个拒绝大部分国民参与其政治的国家无法赢得民主的美誉。

直接民主

早期的民主国家是直接民主制，即有资格投票的人直接对每项事务进行讨论和投票，而不是选出代表做决策。只有在人数不多且事务较少的情况下，直接民主才有可行性。当人数众多且事务繁杂时，哪怕通过电子通信技术也有可能最终达成这一目标，这种操作仍是困难重重。即便能够勉强克服操作困难，但要在这种民主制度下得出合理的决策，投票人也必须能够充分理解其所投票的事务，而这则需要时间和教育规划。要求所有公民都对相关事务保持关注恐怕是种苛求。如今的民主国家采取的是代议民主制。

代议民主

在代议民主制中，投票者为自己支持的代表投票，然后再由这些代表参与日常的政治决策，决策过程或许会另外遵循某些民主原则。代表选举有多种方式：一些国家采取绝对多数当选制*；另一些国家，比如英国，采取领先者当选制，即使大多数选民并未选他，但只要其他人票数都少于他，就可当选。

代议民主在某些方面实现了民治，在另一些方面则没有。人民选举出自己的代表是民治，可一旦选举完成，当选人在一些特定问题上通常就不受人民期望的束缚了。经常举行选举可以避免权力滥用：那些不尊重选民意愿的代表不太可能再度当选。

民主制的反证

幻觉

一些理论家，尤其是受到卡尔·马克思（1818—1883）影响的那些，指责上述的民主形式仅仅是个幻觉，让人们以为自己参与了政治决断。他们主张，投票无法保证民治。一些选民或许未能理解自己的最佳利益所在，还有一些或许是受了演说家花言巧语的欺骗。此外，鉴于大多数选举仅提供有限的候选名单，选民们其实并没有真正的选择空间。人们通常只是在两个或三个政治举措难以区分的候选人里做选择，这样的民主制度不知好在何处。马克思主义者称，这仅

---

* 译者注：又称为"过半数当选制"。指在一个选区内获得过半数选票的政党或候选人即占选区全部选票或当选的制度。

仅是"资产阶级民主"，只能反映现存的权力关系，而这种权力关系本身就是经济关系的产物。除非这些权力关系得到重组，否则给予民众选举投票权就是在浪费时间。

选民不是专家

还有民主反对者提出，要做出合理的政治决策，决策人需要具备大量的专业知识，而许多选民并没有这种知识储备。柏拉图是该观点最著名的代表人物。因此在直接民主制中，国家的命运就掌握在对自己行为一知半解的人们手里，因而很可能导致糟糕的政治体系。掌舵的应该是船长，而不是乘客。

类似的论证也能用于反驳代议民主。许多选民无法客观地评估某个特定的候选人是否合适。他们不具备评估政治政策的能力，所做出的选择往往是基于一些不相关的因素，比如长相好看或者笑容迷人，又或是仅仅出于自己对各个政党未经审视的偏见。因此，许多杰出的、有潜力的代表未能当选，而许多不合适的代表却因为自己恰好拥有某些不相关的特质而赢得选举。

不过，这一论证也可以反过来用作教育公民参与民主的理由，而不是完全舍弃民主制度。即便这是不可能的，但在所有可行的民主制度中，代议民主制仍是最有可能促进人民利益的选项。

民主的悖论

我相信死刑是野蛮的，并且永远不应该在文明国家出现。如果我在一次关于死刑的全民公投中投了反对票，但大多数人都同意设立死刑，那么这对于我来说就是一个悖论。作为一个忠于民主原则的人，我相信多数人的意见应该得到执行，但作为个人，我却认为死刑是错误的，而且永远不该获得准许。这样来看，我似乎既相信应该设立死刑（这是大多数人的决定），又相信不应该设立死刑（出于我个人的信念）。然而，这两点互不相容。当发现自己属于少数人时，任何忠于民主原则的人都可能面临类似的悖论。

当然，民主的概念并不会因此而一无是处，但我们的确可以看到，个人的良知可能会与多数人的决定发生冲突，我将在后文"公民不服从"部分对此进行探讨。任何忠于民主原则的人都必须在个人信念和集体决定之间做出权衡，并且阐明何为"忠于民主原则"。

自　由

与"民主"一样，"自由"一词也有多种用法。在政治语境中，自由主要有两种意义：消极的和积极的。以赛亚·伯林（1909—1997）在其著名文章《两种自由概念》中提出并分析了这种区分方式。

消极自由

自由的一个定义是不受强迫。所谓强迫，就是其他人强行要求你以／不以特定的方式行事。在消极自由的意义下，如果没人强迫你，那你就是自由的。

如果你被关押在了监狱、由于护照被没收而无法顺自己的意愿离开某个国家，或是因害怕被起诉而不敢公开去过自己想要的同性恋生活，那么你都不是自由的。消极自由源于阻碍和约束。如果没人主动阻止你做想做的事，那么按照消极自由的定义，你就是自由的。

多数政府或多或少都约束了公民的自由，理由一般是为了保护社会所有成员。如果人人都完全自由、恣意妄为，那么那些最强壮的和最残酷的人很可能就会踩着较弱者为自己攫利。不过，许多政治哲学家都同意，个人自由应有一部分绝对不可侵犯。只要你没有伤害他人，政府就无权干涉。约翰·斯图尔特·密尔在其著作《论自由》中有力地论证了这一点，只要没人因此而受伤，每个人都应该有权在不受政府干涉的情况下享受自己的"人生实验"。

消极自由的反证

何为伤害？

在实践中，要判定何为对他人的伤害并非易事。比方说，伤害他人感情算不算？如果算的话，那各式各样的"人生实验"恐怕都没法施行，因为这往往会冒犯到许多人。举例来说，一个守旧的人要是发现自己的邻居夫妻是裸体主义者，居然从来不穿衣服，他可能就会感到自己被冒犯了。或者反过来，这对裸体主义夫妻发现世界上居然有这么多人穿着衣服，可能也会觉得受了冒犯。裸体主义者和他们的邻居或许都会因他人的生活方式而感到受伤。密尔不认为冒犯是严重的伤害行为，但是冒犯和伤害的界限却时常难以划定。比如，许多人都觉得亵渎自己的信仰比对自己造成身体上的伤害更严重。我们凭什么说他们是错的呢？

积极自由

一些哲学家反对将提升消极自由作为努力的方向。他们认为，积极自由才是更重要的政治目标。积极自由是指积极掌控自己生活的自由。从积极自由的意义上来讲，只有真正掌控了自己的人生才算得上是自由，否则哪怕你并未受到任何限制，你也是不自由的。大多数积极自由主义者相信，真正的自由在于通过个人，或者实际上通过国家，积极地为自己的人生做出选择，并由此达成某种自我实现。

举例来说，如果一个酒鬼不顾自己的理智判断，为了买酒散尽家财，这能算作在行使自由吗？答案显然是否定的，尤其是在这个酒鬼清醒后也对自己的行为后悔不已的情况下。我们更倾向于认为，这个酒鬼是被酒精控制了：是冲动的奴隶。尽管他并未受到任何约束，但在积极自由的观点中，这个酒鬼就没有拥有真正的自由。

即便是消极自由主义者或许也会同意，酒鬼就像孩童一样，需要在某种程度上受到约束，因为他们都不具备为自己行为完全负责的能力。不过，如果某人不断地做出糟糕的人生决定、浪费掉自己的一切才能等等，那么按照密尔的观点，我们可以跟他讲道理，但绝对不能强迫他去过更好的生活，那就像一种不合理的家长作风，跟充满控制欲的家长不愿放手已经长大的孩子去做自己的决定、犯自己的错误一样。密尔认为，除非某个成年人伤害了其他人，或是精神受损无法自理，否则他的人生就不能被任何人以"为他好"的借口加以干涉。强迫即包括限制消极自由。积极自由主义者可能会辩驳称，一个人直到实现自己的潜力，并且克服掉反复无常的习惯时，才算真正拥有了自由。这与支持以强迫手段达到真正自由只有一步之遥。

以赛亚·柏林认为，积极自由会为各种不公正的强迫行为提供借口：国家代理人可能会假托帮助你提升自由来强迫你以特定方式行事。实际上，以赛亚指出，历史上对积极自由的滥用并不少见。积极自由这一概念本身并没有什么问题，只是历史经验证明，当积极自由被滥用时，往往十分危险。

言论自由

极权主义政权的标志之一就是言论自由缺失。大多数西方社会都主张允许公民发表各种观点，提倡公民不惧审查参与公共辩论，并且对此引以为傲。不过，这种言论自由并非完全的自由。法律规定了你所说、所刊的内容在哪些范围内可以不受惩罚，这些法律可能针对色情、诽谤，或者在某些情况中，针对渎神。

密尔认为，言论自由在多数情况下都是可允许的，他为此提出了一个强有力的论据，即言论自由的边界应该是看所表达的观点是伤害还是冒犯了他人。如果你滥用言论自由并煽动暴力，那么你就该接受审查。但是，在达到伤害他人的临界点之前，你应该拥有表达观点的自由：冒犯他人是可接受的。密尔提出了一系列论证来支持自由不应受到审查。在这里我只略述其中两点。

第一，密尔认为，任何审查都必须假设正确无误。也就是说，实施审查的人假设自己绝对不会出错。这显然十分荒唐，因为我们每个人都会犯错。但在密尔看来，审查的主要动机必然是审查人相信自己所审的观念是错误的，而如此一来，审查人或许就会扼杀掉可能很重要的思想，并且还会剥夺更多人听到它们的机会。

第二，密尔提出，信念必须时常接受挑战，否则就会变成死板的教条。即便所提出的反对观点是错的，但正统思想受到挑战的这一事实也会迫使其支持者阐明并捍卫自己的立场。这能让人们基于对其支持论据的理解而去坚持自己的信念，而非仅仅因为被告知这是真实的。比如，达尔文进化论是迄今为止对动物环境适应性的最佳解释（确实如此），认同这一观点的人可能会觉得，否认进化论的创世论者就是错的。但在密尔看来，进化论者应该容许创世论者提出公开质疑，因为这不仅会促使他们给出理由，来证明进化论确实是最好的解释，同时还能让这一理论保持活力。在真与假的较量中，真相会赢得胜利，并由此对人们的行为产生更大的影响力。此外，接受对于我们信念的挑战，还能让我们不断地对其进行修正以获得进步，因为许多挑战观点也不乏正确之处，只是没有它们的拥护者以为的那么有力罢了。

密尔言论自由的反证

并非总是真假之争

密尔关注的是所审查观点的真假。他著书的时间是 19世纪，如今 21 世纪的论证焦点已然不同，人们压制某种想法是因为它是危险的，并非因为它是假的。比如，有人在互联网上发布利用简易材料制作致命炸弹的教程，这些信息会受到压制是因为其真实且危险，而非虚假性。针对这种反驳，密尔可能会为自己辩称，当表达的观点具有对他人造成严重伤害的风险时，其理论是允许这些言论受到审查的。

言论自由的权利?

密尔对于言论自由的论证依赖于审查的*结果*。这就产生了一个风险，即当审查体现出明显益处时，结果主义者就必须承认其合法性。换言之，密尔的论证并未赋予个人任何诸如言论自由权之类的东西，只是意在表明，哪怕所表达的观点是错的，社会也能从容许言论自由中获得极大裨益。

一个更有力的论点是宣称我们拥有这项权利——言论自由的人权，并且指出，允许公民表达任何他或她想要发表的观点，是国家认可每个公民人性的体现。因此，禁止他人发声就是在侵犯其基本人权。但这一论点面临的问题是，人权并没有显而易见的来源。因此要以基本人权为由来捍卫言论自由，还需要些基础支撑。的确，1948 年《世界人权宣言》的第 19 条已经规定了言论自由，但是这并未解决哲学上的问题，即这项权利的依据是什么?

消除自由：惩罚

什么能够证明将剥夺自由作为一种惩罚是正当的呢? 换言之，限制人们、从消极意义上剥夺其自由，有什么理由呢? 如上文所言，积极自由的概念可以用来在某些方面为强迫他人提供正当性：只有保护他们不受自己伤害，这些人才能获得真正的自由。

哲学家试图从四个主要方面证明国家对个人惩罚的正当性：作为应报，作为威慑，作为对社会的保护措施，以及作为改造受罚之人的手段。其中，"作为应报"的辩护理由常基于义务论，其他三个则一般基于结果论。

应　报

简单来说，应报主义就是无论个人或社会是否获益，故意违反法律的人就该受到应有的惩罚。违法之人理应遭到惩处。诚然，许多人无力为自己的违法行为负全责，对这些人可以从轻处罚，或是像在精神严重损伤这样的极端案例中，让他们接受治疗。不过一般来说，根据应报理论，惩罚是做错事的该当后果。而且，惩罚的力度应与罪行的严重性相当。应报理论最简单的表述形式是"以眼还眼"（有时也称作同态复仇），这要求所犯之罪与其惩处后果完全对等。但这对有些犯罪来说比较困难，比如敲诈勒索：法官大概不会判一个敲诈勒索者被敲诈勒索六个月。同样，假设一个小偷因为贫穷偷了一块金表，要以完全对等的惩处方式惩罚他也不太可能。不过，这只是"以眼还眼"这一原则所面临的问题，在更复杂的应报理论中，惩罚不需要非得和所犯之罪一模一样。

应报主义的反证

迎合基本情感

应报主义的力量主要来自报复情绪。人们在受到伤害时的最基本反应就是报仇。应报主义的反对者承认这一情感的普遍性，但是认为国家惩罚应基于比"一报还一报"更坚实的原则。不过，以综合理由为惩罚做辩护的人也常常将应报作为其理论中的一个要素。

忽视所造成的影响

应报主义的主要反证是，应报主义完全不关心惩罚会对罪犯或社会造成何种影响，威慑、改造、保护等问题全都不在其考虑范围之内。在应报主义者看来，无论惩罚对罪犯有无积极影响，他们都该受罚。对于这一点，结果主义者会反驳称，只有能带来有益后果的行为才是道德正确的，但义务论主义者则会表示，如果一个行为在道德上是正当的，那不论结果如何，它都是正当的。

威慑作用

惩罚的一个常见辩护理由是，惩罚可以阻吓违法行为：其威慑对象既包括接受处罚的个人，也包括其他人，因为他们知道，惩罚已经发生，而且如果自己违法也会受罚。这种论证称，如果知道自己也许会进监狱而不是逃脱罪罚，人们选择做盗贼的可能性会大大减小。这使得惩罚即使在不能改造罪犯的情况下也具有正当性：比起改变犯罪的个人，向大众表明受罚就是犯罪的后果更加重要。这种辩护完全聚焦于惩罚的结果。社会的利益胜过了失去自由的罪犯的痛苦。

威慑作用的反证

惩罚无辜之人

威慑理论的一个重要反证是，至少按照威慑理论最简单的形式，对未犯所指控罪行或任何罪行的无辜之人施行惩罚可以是合理的。在某些情况中，对人们普遍认为是罪犯的替罪羊施以处罚，能产生极大的威慑力，震吓那些正在谋划类似犯罪的人，尤其是当大众不知道此人实为无辜的时候。这样一来，根据威慑理论，惩罚无辜之人似乎就是合理的——一个糟糕的结论。任何以威慑作用为惩罚做辩护的理论即使看似有理，也都必须面对这一反证。

行不通

一些反对将惩罚作为威慑手段的人提出，这根本就行不通。哪怕是像死刑这样极端的刑罚也阻止不了连环杀手；诸如罚款和短期徒刑这样的轻刑更是遏止不了窃贼。

这种论证基于经验数据。干扰因素如此之多，要厘清处罚类型和犯罪率之间的关系几乎不可能。不过，如果能够确凿证明，惩罚几乎或根本起不到威慑作用，那么以威慑作为理由支持惩罚正当性的论证也就不堪一击。

保护社会

惩罚正当性的另一个理由基于其所宣称的有益后果，它强调我们需要保护社会不受有违法倾向之人的侵害。如果有人闯入了一个人的家，那他很可能也会闯入其他人的家。所以为了阻止其再犯，国家有权将这些人关起来。这种理由最常用于证明惩罚强奸犯或谋杀犯等暴力犯罪者的正当性。

保护社会的反证

仅适用于部分犯罪

诸如强奸这样的犯罪可以由同一人反复重犯。在这种情况下，限制罪犯的自由能够达到最小化其重犯可能性的目的。但此外还有一次性的犯罪。比如，一位妻子怨恨了丈夫一辈子，最后终于鼓起勇气往他的牛奶什锦早餐里下了毒。这位妻子对除丈夫以外的任何人都没有威胁。她犯了重罪，但她不可能再次犯同样的罪。对这样一位妻子而言，保护社会无法作为惩罚她的理由。不过在实际情况中，要辨认出一个罪犯是否会再犯相当困难。

行不通

另一个针对保护社会理论的反证是，对罪犯实施监禁只能在短期内实现保护社会的目的，但从长期来看，因为罪犯们会在监狱里相互传授逃脱罪责的办法，这实际上还会使社会更加危险。所以，除非每项重罪的刑罚都是终身监禁，否则关押犯人就无法起到保护社会的作用。

这依然是一个经验论据。如果确实如此，那么这倒是一个将保护社会与改造罪犯恶习结合起来的好理由。

改　造

支持惩罚违法之人的另一个理由是，惩罚可以改造那些做错事的人。也就是说，惩罚是为了改变这些人的品性，这样他们被释放后就不会再次犯罪了。按照这种观点，剥夺自由其实是一种治疗。

改造的反证

仅适用于部分犯罪

有些罪犯不需要改造。一次性犯罪的罪犯不可能再犯，那么按照改造理论，他们就不该受罚。还有一些罪犯显然本性难移：惩罚他们也没什么用，当然，前提是我们能辨认出这些人。这本身并不是针对改造理论的反证，只是更深入地指出了这一理论意味着什么。不过，光是这些就已经让许多人难以接受了。

行不通

极少有罪犯因现行刑罚而获得改造。不过，也并不是所有类型的惩罚都注定无法改造犯人。除非能够证明改造绝不可能成功，否则这一经验论据就不能作为改造理论的决定性反证。然而，支持惩罚正当性的论证几乎不会只关注改造罪犯这一个方面，最有力的论证常常是将改造作为其理论的一部分，与威慑和保护社会作用一并提出。这种综合理由的论证通常基于结果主义道德原则。

公民不服从

到目前为止，我们已经探讨了一些支持惩罚违法者的理由，其论证都是基于道德考量。但是，违法行为有没有可能是道德可接受的呢？在这一节，我将着重探讨一种特殊的道德正当的违法行为：公民不服从。

一些人认为违法行为永远不可能是正当的：如果你不满意某项法律，你就应该试着通过合法渠道去改变它，例如发起运动、写信等等。但这种合法抗议很多时候完全没用，这时就有一种以违反法律来表示抗议的传统，即公民不服从。当人们感到自己在被迫遵守自己认为不公正的法律或政府政策时，就会发起公民不服从运动。

公民不服从对法律和政府政策的变革产生了深远影响。一个著名的例子是英国的妇女参政运动。当时的妇女参政论者通过一系列公开的公民不服从运动，成功地使其为妇女争取投票权的目标公之于众，激进者甚至用锁链将自己锁在国会外的栏杆上。1918年，30岁以上的妇女获准在选举中投票，妇女得到了部分解放。这在一定程度上是由于"一战"的社会影响，但无论如何，禁止妇女参与所谓民主选举的不公正法律之所以能够改变，妇女参政运动功不可没。

圣雄·甘地和马丁·路德·金都是公民不服从的积极倡导者。甘地通过非暴力的非法抗议带领印度获得独立，最终结束了英国的殖民统治；马丁·路德·金也用类似的方法发起种族歧视抗争，为保障美国南部各州非裔美国人的基本公民权利做出了巨大贡献。

在越南战争中，一些美军将士尽管受到了政府的号召，但仍拒绝参战，他们所采取的方式也是公民不服从。有人这样做是因为相信任何杀人行为都是道德错误的，他们宁愿违反法律，也不愿参战去杀人。另一些人并不反对一切战争，但是认为越南战争是非正义战争，这场战争将平民置于巨大的危险之中，却未能提供任何正当的理由。这些反对越南战争的呼声最终使得美国迫于压力而撤军，公开的违法行为无疑是其中重要的助推剂。

传统的公民不服从是指通过非暴力的公开违法行为，来吸引公众去关注不公正的法律或政府政策。传统的公民不服从运动者违反法律不仅是为了个人利益，更是为了吸引大众注意，让人们看到某项不公正的法律或是违背道德的政府政策，并且最大限度地宣传自己的事业。这也是为什么公民不服从运动常常是公开举行的，最好还能有记者、摄影师和电视摄像机在场。比如，在越南战争中，一位美国应征兵若是仅仅因为害怕战斗和不想死而把自己的征兵证扔掉，然后拒绝应征入伍，那么他的行为就不属于公民不服从，而只是出于自我保护。如果这位应征兵做一样的事，不是为了自己的安全，而是出于道德考虑，但却没有以任何方式公开自己的做法，只是私下的行为，那也不能算作公民不服从。相比之下，另一位应征兵公开烧毁了自己的征兵证，同时接受了电视台的采访，并阐明了自己为何认为美军介入越南战争是不道德的，那么这位应征兵的行为才能称作公民不服从。

公民不服从的最终目的是改变某项特定法律或政府政策，并不是完全摧毁法制系统。按照传统公民不服从行事的人通常会避免任何形式的暴力，不仅是因为这会激起仇恨、加剧矛盾，从而损害其所奋斗的事业，更是因为其违法行为正当性的道德根基。大多数道德原则只允许人们在极端情况下伤害他人，比如当自己受到攻击且需要自我防卫的时候。

恐怖主义者，或是自由战士（你可以依据自己对其目标的同情度选择怎么称呼他们）采用暴力手段来达到自己的政治目的。这些人和参与公民不服从的人一样，都希望改变某种现状，并且都不是为了私利，而是为了他们眼中的民众利益，但二者的不同之处在于，他们选择了不同的手段来达成自己的目标。

公民不服从的反证

不民主

假设公民不服从发生在某种民主制度下，那这反而会显得不民主。如果通过民主选举选出的代表投票决定，要制定某项法律或施行某个政府政策，那么以违法方式来表达自己对其决策的抗议似乎违背了民主的精神，尤其是当只有极少数公民参与公民不服从运动的时候。显然，生活在民主国家的代价就是总会有那么一些政府政策不合你的心意。如果由少数人发起的公民不服从运动能够起作用，那这似乎就赋予了少数人颠覆大多数人观点的力量。这看起来非常的反民主。但是，如果公民不服从起不了作用，那么这种运动又有什么意义呢？如此看来，公民不服从要么不民主，要么没意义。

不过，值得提出的是，公民不服从运动的目的是使违背道德的政府决策或实践做法受到关注。比如20世纪60年代，美国的非裔美国人民权运动就通过公开示威抗议种族隔离法律，让全世界都看到了美国黑人所遭受的不公平待遇。从这方面来理解，公民不服从并不是一种强行改变法律或政策的不民主做法，而是一种技巧，以促使占多数的人们及其代表重新思考自己针对某个特定问题的立场。

滑向无法无天

另一个反对公民不服从的观点认为，这鼓励了违法行为，长此以往则会损害政府威信、削弱法制力量，而这是任何潜在利益都无法弥补的损失。一旦人们不再尊重法律——哪怕是出于道德考量——无法无天的日子就会随之而来。

这是一个滑坡谬论。这种理论宣称，如果你向着某个特定方向迈出了第一步，那么接下来的事情就会一发不可收拾，直到最终惨淡收场。就像你在一个滑坡上踏出了一步，然后就会不可避免地下滑到底，所以有些人认为，一旦允许了某些小的违法行为，事情就只会越来越糟，直到最后没人再尊重法律。不过，虽然这种理论使最终结局看起来无法避免，但事实并非如此。公民不服从行为会损害民众对法律的尊重一说毫无根据，就拿上述滑坡的比喻来看，我们为什么不能在某个点上停下来，说上一句："好了，到此为止。"我们没理由不能这样做。实际上，公民不服从的拥护者指出，他们的行为不仅没有损害法律，反而恰恰体现出了他们对法律深深的尊重。如果某人宁愿接受国家的惩罚，也要让公众关注到其所认为是不公正的某项法律，那么这正表明了此人忠于这样一种一般立场：法律应该是公正的，并且公正的法律应该得到尊重。这与为了个人利益而违法的行为截然不同。

结 论

我在本章探讨了许多政治哲学领域的核心议题，这些议题的背后其实都是一个问题，即个人与国家的关系，尤其是国家之于个人的权威来源。下文延伸阅读中的不少推荐书籍都直接对此进行了讨论。

接下来的两章是关于我们对周围世界的知识和理解，我将重点探讨我们能通过自己的感官学到什么。

❀ 延伸阅读

如果对政治哲学史感兴趣，我推荐昆汀·斯金纳、理查德·塔克、威廉·托马斯和彼得·辛格所著的《伟大的政治思想家》（牛津：牛津大学出版社，1992），这本书详细介绍了马基雅维利、霍布斯、密尔和马克思的工作。奈杰尔·沃伯顿等所著的《阅读政治哲学：从马基雅维利到密尔》（伦敦：劳特利奇和开放大学出版社，2001）为阅读这些哲学家最重要的工作提供了实用性的指导。

乔纳森·沃夫所著的《政治哲学入门》（第二版，牛津：牛津大学出版社，1996）对政治哲学做了广泛且详尽的介绍。

彼得·辛格所著的《实践伦理学》探讨了包括平等就业等一系列平等问题，同时还考虑了动物平等，我在第二章的延伸阅读中也推荐过此书。珍妮特·拉德克里夫·理查兹所著的《持怀疑态度的女权主义者》（第二版，伦敦：企鹅出版社，1994）对与女性相关的道德和政治问题做了清晰且深刻的哲学分析，其中包括就业中的逆向歧视问题。

罗斯·哈里森所著的《民主》（伦敦：劳特利奇出版社，1993）着重介绍了这一重要的政治哲学领域，内容清晰易懂，并且将对民主史的批判性考察，与我们今天对这一概念所使用的哲学分析相结合了起来。

戴维·米勒所编著的《自由》（牛津：牛津大学出版社，牛津政治与政府读物，1991）收编了以赛亚·柏林的著文《两种自由概念》的删节版。约翰·斯图尔特·密尔所著的《论自由》（伦敦：企鹅出版社－经典，1982）是自由主义的经典著作。我在本人所著的《自由：简介及解读》（伦敦：劳特利奇和开放大学出版社，2000）中讨论了柏林和密尔的思想；在本人所著的《自由言论：极简入门》（牛津：牛津大学出版社，2009）中探讨了言论自由。

雨果·亚当·贝多所编著的《聚焦公民不服从》（伦敦：劳特利奇出版社，1991）收编了许多有关这一题材的有趣文章，其中包括马丁·路德·金的《伯明翰狱中书信》。

如果想要更细致深入地学习政治哲学，可以阅读威尔·秦力克所著的《当代政治哲学入门》（第二版，牛津：牛津大学出版社，2002），该书批判性地分析了当下政治哲学的主要趋势，其中部分内容比较晦涩。

第五章
表象和现实

我们关于外部世界的基本知识来源于五种感官：视觉、听觉、触觉、嗅觉和味觉。其中对大多数人来说，眼睛的作用最为重要。我知道外面的世界是什么样的，因为我能看见它。如果我不确定所看见的东西是否真的在那儿，我还能伸手摸它来确认。我知道我的汤里有只苍蝇，因为我看见了，而且如果有必要的话，我还能触摸，甚至尝一下它。但是，我以为自己看到的和真实存在于我眼前的一切到底有什么关联呢？我看到的就是真实的吗？我真能确定那儿究竟有什么吗？我会不会是在做梦呢？当没人看见这些物体的时候，它们还继续存在吗？我直接体验过外部世界吗？这些都是如何获取关于周遭世界的知识的问题，其所属的哲学分支称为知识论。

在本章中，我们将探讨多个知识论的相关问题，并重点分析知觉理论。

常识实在论

常识实在论是大多数没学过哲学的人所持有的观点。这种理论认为，客观物体的世界是存在的，并且可以由人类直接通过五种感官来了解——房屋、树木、汽车、金鱼、茶匙、足球、人类身体、哲学书籍等等。无论是否有人在感知它们，这些客观物体都一直存在，并且其真实情况也跟我们看到的差不多：金鱼确实是橘黄色的，足球也的确是球状的。这是因为我们的五感器官——眼睛、耳朵、舌头、皮肤和鼻子——通常很可靠。这些器官让我们得以对外面究竟有什么产生了现实的认知。

不过，虽然我们无须怀疑常识实在论对感官知觉的假设，也能过好日常生活，但这一理论并不完美。常识实在论无法有力地反驳关于感官可靠性的质疑。接下来我们将列举多种针对常识实在论的怀疑论证，然后再讨论四种更复杂的知觉理论：表象实在论、唯心论、现象论和因果实在论。

针对感官证据的怀疑主义

怀疑主义认为一切都无法确定，一切都有怀疑的理由，哪怕是我们对世界最基本的信念。哲学中的怀疑论试图表明，我们传统上用来认知世界的办法并不可靠，因此不能确保我们获得关于真实存在之物的知识。下文所列出的怀疑论基于勒内·笛卡尔在其著作《沉思录》的第一章中所提出的观点。

错觉论

错觉论是一种质疑感官可靠性的怀疑论，因而也是对常识实在论的质疑。通常来讲，我们相信自己的感官，但有时，感官也的确会误导我们。比如，大多数人都有过尴尬的经历，以为自己看到了远处的一位友人，结果发现自己其实是在对一个陌生人招手。笔直的棍子放入水中，水中的部分看起来就会像是弯了；刚吃过甜食再吃苹果，苹果尝起来似乎苦了；圆硬币从某种角度看起来好像成了椭圆形；铁轨仿佛会在远处会合；炎热的天气下道路看起来像在波动；同一条红裙子在昏暗的灯光和阳光下仿佛是两种红色；月亮离地平线越近看起来就越大。以上例子以及许多其他类似的感官错觉说明，我们的感官并不总是那么靠得住：外部世界似乎不太可能和它们展现出来的样子一模一样。

错觉论认为，由于存在被误导的可能性，所以我们永远都不能确定自己此时此刻的感觉是否就是真的。错觉论是一种怀疑论，因为它挑战了我们的日常信念——常识实在论，即我们是通过感官来获取关于世界的知识的。

错觉论的反证

确定的程度

尽管在远距离或非常态的状况下，我可能会看错，但是，总有些东西是我没理由去怀疑的。比如，我不可能真的怀疑我是否正坐在桌前写作、手里拿着一支笔、面前堆着一摞稿纸。同样，我也不会怀疑自己现在身处英国，而不是日本或其他地方。我们毫无疑问会从某些情况中学习到知识，而正是因为有了这些知识作为背景，我们才能质疑其他信念：不然我们就根本没有关于知识的概念，那么也就没有可用来反对更可疑的信念的依据。

对此，怀疑论者可能会指出，看似确定的知识或许并非如此：我也许是在做梦梦见自己正醒着写作，其实却躺在床上。我怎么能确定我不是在梦里写作呢？我怎么能确定我不是睡在东京的某处，却梦见自己醒着身处英国呢？我绝对做过比这更奇怪的梦。我们能否确切地区分梦与醒的体验呢？

我在做梦吗？

不会一直做梦

如果说整个人生就是一场梦，那是无稽之谈。要是我一直都在做梦，那我就不会有梦的概念：因为我没有可与之对应的醒的概念。正如假钞只有在真钞存在的前提下才能存在，梦也只有在与醒作对比时才有意义。

上述论据确实是真的，但这并不能作为一种对怀疑论的有力反驳。怀疑论者所主张的不是我们可能一直都在做梦，而是我们任何时候都无法确认自己是否正处在梦中。

梦是不同的

另一个反对我可能在梦里写这段话的观点认为，做梦的体验和醒着的体验完全不同，因此，我们根据体验的质量就能分辨出自己是否正在做梦。梦里的许多事在醒着的时候不可能发生；梦中的感受通常不如醒着时真切；梦境多是模糊的、不连贯的、朦胧的、离奇的等等。此外，这一怀疑论完全基于我们区分梦与醒的能力：但除此之外，我怎么还能知道自己有时梦见自己醒着，其实却是睡着了呢？只有当我能够分辨真实醒着的体验和梦见自己醒着的体验时，这样的记忆才有意义。

这种回应的力度在很大程度上取决于个人的梦境体验。一些人的梦或许与醒着时的生活十分不同。但是，至少有许多人都做过和日常生活难以区分的梦，同时，一些人醒着的生活却似在梦中，当受了酒精或其他药物的影响时尤为如此。梦见自己已经醒来的体验——醒来、起床、穿衣、吃早餐等等——并不罕见，不过在这种情况下，做梦者通常不会怀疑自己是否在做梦，一般都是在他们真正醒来后，才会问出"我现在是在做梦吗？"这种问题。

无法问"我在做梦吗？"

至少有一位哲学家诺曼·马尔科姆（1911—1990）提出，在梦中问"我在做梦吗？"与做梦的概念逻辑不相容。人只能在有意识的状态下问问题。但是马尔科姆指出，如果我在做梦，那么根据做梦的定义，我就是无意识的，因为我睡着了。如果我没睡着，我就不可能做梦。但如果我能问问题，那我就不可能睡着，所以也就不可能做梦。我只能梦见我在问问题，而这跟真的问问题是不一样的。

不过，关于梦的研究表明，许多人在睡眠时都会有不同程度的意识水平。一些人能够体验到所谓的"清醒梦"，即做梦者意识到他或她正在做梦，而且继续做梦。这样的梦驳斥了上述做梦和有意识不能同时出现的观点。马尔科姆的错误在于重新定义了"做梦"，这使得这一术语不再是人们普遍所理解的意思。做梦必然无意识是一种太过简化的说法。

幻　觉

就算没在做梦，我也可能处于幻觉中。或许有人偷偷往我的咖啡里放了致幻药，然后我就会以为自己看到了实际根本不存在的东西。或许我手里没拿着笔，也没有在一个晴朗的日子里坐在窗前。即便没人往我的咖啡里放致幻药，我也可能因为严重的酒精中毒而开始产生幻觉。不过，尽管存在上述可能，但接下来的事情就没那么好解释了。如果我正在坐着的椅子是想象出来的，那么是什么支撑着我的重量呢？答案之一是，我从一开始就是在想象自己坐着：我或许以为自己正窝在舒服的扶手椅里，而实际上我刚吃了致幻药或是喝了一整瓶潘诺葡萄酒，现在正躺在石头地板上呢。

瓶子里的大脑?

关于外部世界以及外部世界与我的联系,最极端的怀疑论是想象我根本没有身体。我只是一个漂浮在盛着化学药水的瓶子里的大脑。一个邪恶的科学家把我的大脑连接在某些设备上,并由此使我产生了感官体验的错觉。他制造出了一种体验机器,让我以为自己可以起床并走到商店买报纸,然而这一切都只是那个科学家在刺激我脑中的特定神经,从而使我产生了自己正在做这些事的错觉。所有我以为自己经由五感而得到的体验,其实都只是邪恶的科学家在刺激我脱离了身体的大脑。他能利用这种体验机器,使我获得一切在现实生活中可以获得的感官体验。通过一系列复杂的神经刺激操作,这个科学家能让我产生各种错觉:看电视、跑马拉松、写书、吃意大利面,或者其他我可能做的任何事。这种假设并不像听起来那么不可思议:科学家已经在对计算机模拟体验进行实验,即"虚拟现实"机器。

邪恶科学家的故事即为哲学家称作"思想实验"的一个例子。所谓"思想实验",就是通过描述一种想象场景,来让我们清晰地认识到自己的观念及日常假设的某些特征。和任何科学实验一样,在思想实验中,哲学家们通过排除复杂的细节并控制实验走向,从而对所研究的概念有所发现。在上述例子中,思想实验的目的是展示出我们对自己体验的由来所做出的一些典型假设。我们的体验中是否存在某些特征,能够表明这一思想实验并未展现出真实的现实生活,证明我并不是仅存在于某个邪恶科学家实验室的角落，只是放在那儿的瓶子里的一个大脑？

记忆和逻辑

　　我可能只是瓶子里的一个大脑的想法似乎已经够极端了，但实际上，怀疑论的假设还能更进一步。到目前为止，我们所讨论的论证或多或少都假定记忆是可靠的。当我们说"我记得我的感觉出过错"时，我们已经假定了记忆就是记忆，而非来自某种想象或主观意愿。当我们运用词汇去描述某个论证时，我们就已经假定了自己准确地记得所使用词汇的意思。然而大家都知道，和感觉一样，记忆也并非那么可靠。伯特兰·罗素（1872—1970）由此提出这个世界可能是在五分钟前被创造出来的，世界上的所有人都有着完整的"记忆"，都记得完全一样的虚构的过去。罗素提出，正如我可能是作为一个瓶子里的大脑，被邪恶的科学家操控着获得了一切体验，这些体验也可能是来自虚假的记忆。

　　但是，如果我们开始认真地怀疑记忆的可靠性，那我们就没法交流了：如果不能假定一般情况下，我们关于所使用词汇的记忆是可靠的，那么我们甚至都无法对怀疑论进行探讨。我们也可以认为，邪恶科学家操纵瓶子里的大脑的思想实验本身就已经包含着对记忆可靠性的怀疑，因为操纵者完全有能力改变植入我们脑中的词汇的意义，从而让我们相信他或她选择让我们相信的任何东西。

怀疑主义者很少对另一种假设提出质疑，即逻辑的可靠性。质疑逻辑的可靠性会损害他们自己的立场。怀疑主义者的论证基于逻辑推理：他们不会想要搬起石头砸自己的脚。但是如果怀疑主义论者采用逻辑论证的方式来证明一切都可怀疑，那么他们自己的逻辑论证也就没了立足之处。由此看来，怀疑主义论者在论证的过程中似乎极度依赖于逻辑，而为了保持一致，他们自己也不得不承认这些东西是不确定的。

尽管如此，这种观点并不能正面地反驳错觉论，这只能说明怀疑主义有其局限性，哪怕是最极端的怀疑主义者也得做出某些确定的假设。

我思故我在

那么，一切都无法确定了吗？对于这一怀疑主义问题，笛卡尔给出的答案最为著名，也最为重要。笛卡尔认为，就算我的所有体验都来自某人或某物的欺骗——他使用了恶魔而非邪恶科学家的说法——那么我被骗的事实恰恰说明了某些东西是确定的，即我的存在。因为如果我不存在，那么欺骗者就无人可骗。这一论证常被称为"Cogito"，取自拉丁语"Cogito ergo sum"，意为"我思故我在"。

Cogito 的反证

尽管 Cogito 的说法看似有理有据，但是其结论其实非常有限。即便我接受我思考的事实能够证明我存在，但除了我是一个思考的某物之外，它还能说明什么呢？

实际上，A. J. 艾耶尔等哲学家认为，连这个假设都太过了。笛卡尔不应该说"我思"：如果要跟其主张中的怀疑态度保持一致，他就应该说"存在思想"。笛卡尔的说法假定了如果存在思想，就必定存在思考者。但是这一点并非无可置疑。或许思想能够独立于思考者而存在，或许只是我们的语言结构使得我们相信，思想必须由思考者产生。"我思"中的"我"也许就跟"在下雨"中的"在"一样，什么也指代不了。

表象实在论

我们已经花了很多篇幅探讨常识实在论，从针对感官的怀疑论，到做梦的可能性。在这一过程中，我们看到了这类哲学怀疑所能达到的范围及局限，也发现了常识实在论的不足。尤其是错觉论向我们证明了，感官总能给予我们关于外部世界的真实信息的假设是不可靠的。我们很容易受到感官的误导，而这已经足以让我们怀疑，自己所见的是否就是物体的真实模样。

表象实在论是对常识实在论的一种修正。之所以称为"表象",是因为这一理论认为,所有感知都是关于外部世界的内在表象的认知结果。我看到了一只海鸥,但我并不是像常识实在论所描述的那样直接看到它的。我与这只海鸥之间没有直接的感官联系,我所认知到的是这只海鸥的精神表象,类似于一幅内心的图画。尽管我的视觉体验是由这只海鸥所引起的,但这并不是一种直接体验,而是由我的感官所产生的关于这只海鸥的表象的体验。

表象实在论回应了错觉论的问题。以颜色为例,同一条裙子在不同光照下可能看起来大不相同:从深红色到黑色都有可能。如果我们更仔细地分析组成裙子的纤维,还会发现它们是由多种颜色混合而成的。此外,不同的观察者也会有不同的感知体验:色盲者和我所看到的景象应该大不一样。因此,如果要说裙子的真实颜色就是红色,似乎并不合理:裙子是红色的这一性质并不是独立于观察者而存在的。为了解释这种现象,表象实在论引入了第一性质和第二性质的概念。

第一性质和第二性质

约翰·洛克(1632—1704)区分了第一性质和第二性质。第一性质即物体真实拥有的性质,无论被感知与否或被感知时所处的条件如何,这些性质都不会改变。第一性质包括大小、形状和运动状态。一切物体,不论多小,都具有这些性质。洛克还认为,我们关于物体第一性质的精神表象与实际情况几乎没有差别。科学主要关注的就是物体的第一性质。而由第一性质所决定的物体的质感，才会引起我们关于第二性质的体验。

第二性质包括颜色、气味和味道。这些性质看似的确存在于我们所感知的物体中，因而红色仿佛就是红裙子的一部分。但实际上，红色只是在正常条件下，由一个正常观察者所拥有的产生红色图像的能力。红色之于裙子，和形状之于裙子是不一样的。我们对第二性质的认知与实际物体并不相符，从某种程度上来说，它们只是我们恰好拥有的感官系统的产物。据表象实在论者，当我们看到一件红裙子时，我们看到的其实是由真实的裙子所激发的、在某些方面与之相匹配的精神图像。这一图像中红裙子的红色性质（第二性质）与其真实的性质并不相符。但是，图像中裙子的形状（第一性质）则通常与真实情况一致。

表象实在论的反证

脑袋里的感知者

表象实在论的反证之一提出，这似乎只是将理解知觉的问题往后退了一层。根据表象实在论，我们感知任何东西的过程都只是在产生某种精神表象。那么看到某人朝我走来，就好像是在看一段演着同样场景的影片。但如果是这样，那又是谁在对影片中的图像做出解释呢？这就像是我脑袋里有个负责解释影片的小人，而且大概这个小人的脑袋里还有个更小的小人在对它的解释做出解释：一个套一个无穷无尽。不过，脑袋里存在无数个小解释者（有时也称为*何蒙库鲁兹**）的可能性恐怕不大。

真实世界不可知

表象实在论的一个主要反证认为，表象实在论使真实世界不可知，或者更确切地说，只能间接可知。我们的所有体验都只是自己关于这个世界的精神表象，而且我们无法将其与真实世界作对比。这就好比我们每个人都被困在了一间永远无法离开的私人影院。我们看着荧幕，以为自己看到了真实的世界——至少是那些物体的第一性质。然而，因为我们没法走出去验证自己的假设，所以我们也就永远没法确定，荧幕上的东西与真实世界究竟相差几何。

这个问题对表象实在论而言很重要。因为根据表象实在论，我们关于外界物体第一性质的精神表象与实际情况几乎一致。但是，如果我们不能验证这一点，那我们也就没有相信它的理由。假设我关于硬币的精神表象是它是圆形的，但是我没法验证这是否就是硬币的真实形状。我唯一能获得的证据来自我的感觉，而我的感觉又产生于精神表象，因此，我永远都无法获得关于硬币真实性质的直接信息。

---

* 译者注：Homunculus 为拉丁语中"小人"之意，指中世纪欧洲的炼金术师创造出的人工生命。

唯心论

唯心论避免了一些表象实在论的问题。和表象实在论一样，唯心论也将感官输入作为我们体验世界的基础，主张我们的所有体验都是对精神表象的体验，而非对外部世界的体验。但唯心论比表象实在论更进一步，它认为外部世界不必然存在，因为正如上述表象实在论的反证所言，外部世界是不可知的。

这听起来不可思议，怎么会有人真的认为我们所探讨的外部世界不存在呢？这几乎有悖于所有证据。唯心论者宣称，一切物体——圣保罗大教堂、我的书桌、其他人类等等——都只有在被感知时才存在。我们不需要引入一个独立于自身体验的真实世界的概念：我们所知道的只有自己的体验。说"我看见我的吉他在那儿"要比说"我产生了一个吉他的视觉体验"方便得多，而唯心论者认为，前者只是后者的简化。"我的吉他"并非指代任何独立于我的知觉存在的某个物体，而只是对这一反复出现的感官体验的简化表达。我们每个人都被困在自己的影院里看电影，但影院外也没有什么真实的世界。影片就是我们唯一的现实。没人看着荧幕的时候，就相当于关掉了投影仪的光源，但电影仍在机子里继续播放。不论何时，只要我再次看向荧幕，灯光就会重新亮起，影片也从未中止，就仿佛投影从未停止过一样。

对唯心论者来说，上述主张的结论之一就是物体只有在被感知时才存在。一个物体要是没有出现在我的私人影院荧幕上，那它就不存在。正如最著名的唯心论者主教乔治·贝克莱（1685—1753）所言，"esse est percipi"：意为"存在就是被感知"。所以，当我离开一间屋子，这间屋子就不复存在；当我闭上眼睛，整个世界就消失不见；当我眨眼时，我面前的一切也就都不在那儿了——当然，前提是没有别人在那个时间段感知这些物体。

唯心论的反证

幻觉和梦

乍一看，唯心论似乎难以回应幻觉和梦的质疑。如果我们体验到的一切都只是自己的想法，那么我们如何区分现实和想象呢？

不过，唯心论者可以解释这一点。他们给出的解释是，实际物体是感官信息的重复模式。我的吉他就是一种可预测的、不断重现的感官信息的模式。我关于吉他的视觉体验和触觉体验是吻合的：我能看见我的吉他靠在墙边，然后走过去触摸它。我关于吉他的各种体验彼此相关且具有规律性。如果我处在幻觉中，那么我的各种体验就不会相互关联：或许当我想弹吉他的时候，我并不能像预想的那样触摸到它。又或许我关于吉他的视觉体验完全不可预测：我的吉他可能会在我面前突然出现又消失无踪。

同样地，唯心论者认为，根据各种感官体验相互间不同的关联方式，我们就可以区分出梦境和现实。换言之，要分辨幻觉、梦境和真实生活，除了通过直接体验本身之外，还能够依据其与其他体验之间的联系做出判断：即这一体验的一般背景。

导致唯我主义

唯心论的一个主要反证认为，唯心论会导致唯我主义：我的思想是唯一的存在，其他的一切都是我的创造物。如果我唯一能够获得的体验就是我自己的想法，那么这不仅表示着没有实际物体存在，甚至连其他人也不存在（见第七章"他心"一节）。毕竟他人和其他物体的存在证据都差不多，也就是感官信息的重复模式。但这样一来，既然我们已经排除了存在实际物体引起我的体验的可能，那么，或许除了我脑中的想法之外，一切都不存在。或许整个世界及世界中的所有东西都只是我脑海中的创造物。或许根本没有其他人。拿上述电影院的例子来说：放映着我的专属剧目的私人影院可能就是唯一的存在，没有其他影院，我的影院之外空无一物。

为什么导致唯我主义会成为唯心论的反证呢？答案之一是，比起一种站得住脚的哲学立场，唯我主义更像是一种精神疾病，一种夸大狂。让－保罗·萨特在其著作《存在与虚无》中的回答或许更具说服力，他指出，我们每个人在几乎每个行动中都显示出，我们相信除自己以外还有其他思想存在。

换言之，唯我主义并不是那种每个人都能随意接受的哲学立场：我们已经深刻地习惯于假定他人是存在的，因此要长期保持唯我主义的行事作风是无法想象的。拿羞愧和难堪这样的社会情感为例，如果我被抓到正在做不想被人看到的事情，比如从锁眼里偷看别人的家，那么我大概会感到羞愧。但如果我是一个唯我主义者，这种情感反倒会显得荒谬，因为羞愧这一概念对我来说毫无意义。作为一个唯我主义者，我理应相信我就是唯一存在的思想：不存在能够评价我的其他人。难堪的情感也是同理，我面前除了自己再无别人，根本没有可以感到难堪的对象。但是我们都坚定地相信，存在一个独立于我们自身体验的世界，这足以说明唯心论这种导致唯我主义的哲学立场难以令人信服。

最简单的解释

针对唯心论还有其他的反对理由。即便我们同意唯心论者，相信我们能获得的只有自己的体验，我们或许也还会想要知道，是什么导致了这些体验，以及它们为何具有规律性。为什么这些体验如此轻易地就组成了我们日常生活中所称为"实际物体"的东西？最直接的答案当然是因为那些物体确实存在于一个外部世界中，并且导致了我们关于它们的感官体验。塞缪尔·约翰逊（1709—1784）就是这样回应贝克莱所主张的唯心论的，他狠狠地踢了一块大石头，然后说，"我就这样反驳它"。

贝克莱主张我们的感官体验来自上帝，而非实际物体。上帝赋予了我们有序的感官体验。上帝无时无刻不在感知每个物体，所以即便没有人类的感知，世界也继续存在。不过，正如我们在第一章所讨论的，上帝的存在并非理所当然。对许多人来说，比起上帝，假设是实际存在的物体导致了我们的体验更能令人接受。

唯心论者相信，只有被感知才能存在。其理由之一是，任何人都无法从逻辑上验证实际情况是否与之相反：没人能确定我的吉他是否在无人感知时还依然存在，因为要做出这样的观察，就必须去感知它。不过，尽管如此，仍有许多证据都能证明，我的吉他在不被感知时的确是继续存在着的。早晨起床时，我的吉他仍好好地靠在墙边，对此最简单的解释就是没人移动、借走或偷走我的吉他，整个晚上它都在无人感知的情况下继续存在。从唯心论发展而来的现象论就考虑到了这一高度可信的假设。

现象论

现象论和唯心论一样，其基本观点也主张我们能直接接触到的只有感官体验，而非外部世界。但两者的不同之处在于对实际物体的解释。唯心论者认为，我们关于物体的表述只是对一系列感官体验的简化说法，而像约翰·斯图尔特·密尔这样的现象论者则认为，仅用真实的及*可能的*感官体验模式就足以描述物体。哪怕我并没有实际地看着或触摸我的吉他，但我产生关于吉他的感官体验的可能性还在继续。现象论者相信，一切关于实际物体的描述都能转化为关于真实的或假设的感官体验的描述。

现象论者就像是困在自己的私人影院里看电影的人。但是，对唯心论者来说，当荧幕上不再播放某样物体时，它就不存在了，而现象论者则认为，那些未显现在荧幕上的物体能够作为体验的可能性一直存在。此外，现象论者还相信，一切正在或可能出现在荧幕上的东西，都能在完全不引入实际物体的情况下，以感官体验的语言描述出来。

我们可以从以下几个方面对现象论进行反驳。

现象论的反证

难以描述物体

仅用感官体验的语言描述物体往往极其复杂，比如"我的吉他在不被感知的状态下，正靠在我的卧室墙边"。实际上，这种描述物体的方式从未成功过。

唯我主义和私人语言论证

和唯心论一样，现象论似乎也会导致唯我主义：他人只是我所产生的真实的或可能的知觉体验。我们已经在前文探讨了一些唯我主义的反对论据。路德维希·维特根斯坦

（1889—1951）在其著作《哲学研究》中首次使用的私人语言论证进一步从该方面反驳了现象论。

现象主义主张，每个人都能仅仅根据他或她的个人直接体验，来对特定的感觉进行定义及命名。这种定义及再定义依赖于私人体验，而非实际物体的存在。私人语言论证指出，这种对感觉的私人化命名和再定义不可能发生，由此反驳了现象论。

所有语言都依赖于规则，而所有规则都依赖于其是否被正确应用的可验证性。现在，假设一个现象论者产生了"红色"的感觉：他或她如何验证自己所感觉到的"红色"和他人眼中的"红色"是同一种颜色呢？对现象论者来说，这种验证是不可能的，因为在他们看来，真实的红色就是他或她认为的红色。这就好像试图记起列车时刻表的人只能回溯自己的记忆，而无法求证于真实的时刻表一样。这种验证是私人的，而非公共的，所以也无法保证公众对于"红色"这一词语的运用是正确的。因此，认为现象论者能够基于这种自证式的语言来描述他或她的体验，是一种错误的假设。

因果实在论

因果实在论主张我们的感官体验是由外部世界的实际物体所触发的。其理论从一开始就指出，人类感官的主要生物功能就是帮助我们辨认周围环境。我们通过感官来获得有关环境的信念。据因果实在论者，我之所以看到了吉他，其实是因为吉他上反射出的光线对我的视网膜及大脑其他部位造成了特定的影响。通过这一过程，我便获得了关于所见之物的特定信念。而我获得这种信念的体验就是我看到吉他的体验。

获得知觉信念的途径很重要：并非哪种途径都可以。我如果要真正地看见我的吉他，那么这把吉他就必须是我获得与其相关的信念的原因。看见的正确因果关系是，由将光线反射到我的视网膜的物体所引起，然后导致了我的大脑对此信息进行处理。举例来说，如果我仅仅是在药物的影响下产生幻觉，那么这就不是"看见"我的吉他，因为在这种情况下，我获得信念的原因不是吉他，而是药物。

"看"是为了获取周围世界的信息。因果实在论和表象实在论一样，也主张外部世界的确存在，并且不论被感知与否都继续存在。此外，因果实在论还认为，我们通过感觉器官所获得的信念普遍是真实的——这也是为什么我们的感觉接收器经过自然选择，最终进化成了如今的样子：它们的目的就是为我们提供关于环境的可靠信息。

因果实在论相较于其他知觉理论的另一个优势在于，它可以很轻松地解释为什么已有知识会影响我们的感知。在获取信息的过程中，我们的分类系统和已有知识直接影响着我们如何对待收到的信息，以及选择将哪些信息解释为相关。我们将在下一章的"观察"部分再次讨论这个问题。

因果实在论的反证

"看"的体验

因果实在论的主要反证认为，因果实在论没有充分考虑到看见某物的感觉，即视觉的质量，它将感知的体验弱化为了一种收集信息的形式。不过，因果实在论仍是目前最理想的知觉理论。

假设现实世界

因果实在论假设，存在一个独立于人类感知的现实世界。这是一种形而上学的假设——换言之，一种关于现实本质的假设。倾向于唯心主义的人可能会觉得这种形而上学的假设不可接受，但对大多数人而言，因为我们已经习惯于相信存在着一个独立于我们本身的现实世界，这种假设与其说是反证，倒更像是个佐证。

结 论

在本章中，我们探讨了外部世界及其与我们之间的关系，介绍了一些主要的哲学理论。下一章，我们将着重讨论探索世界的方法，即科学研究。

❁ 延伸阅读

勒内·笛卡尔在其著作《沉思录》的第一章提出了怀疑论，在第二章的开始表达了"Cogito"的观点。这两点在《笛卡尔：第一哲学沉思集》（修订版，剑桥：剑桥大学出版社，1996）中都有收录，该选集还包含了约翰·科廷厄姆和伯纳德·威廉姆斯对笛卡尔思想所作的介绍。到目前为止，关于笛卡尔哲学的最佳简介来自伯纳德·威廉姆斯的一次采访，布莱恩·马吉编著的《伟大的哲学家》记录了这次采访。我已在前文推荐过此书。

斯蒂芬·普里斯特所著的《英国的经验主义者》（哈蒙兹沃斯：企鹅出版社，1990）对本章中的许多问题都做了探讨。

亚当·莫顿所著的《知识理论指南》（第二版，牛津：布莱克威尔出版社，1997）清晰地介绍了知识论。A. J. 艾耶尔所著的《知识问题》（哈蒙兹沃斯：企鹅出版社，1956）虽然比较早，但也很有用。

伯特兰·罗素所著的《哲学问题》（牛津：牛津大学出版社，1912）仍然值得一读：该书简单介绍了哲学，并且重点关注知识论问题。在20世纪的大部分时间里，对于那些想在大学学习哲学的人来说，这本书都是他们的推荐读物。

第六章
科　学

　　载人登月、肺结核治疗，以及原子弹、汽车、飞机、电视、电脑等无数改变了我们日常生活的发明，都是得益于科学的进步。我们通常将科学方法看作认识和预测自然世界行为最有效的方法。但是，并非所有的科学发明都对人类有益——显然，科学成果既可以用来提升人类福祉，也可以用来摧毁人类生活。但不可否认的是，科学成功地使人类操控自然世界成为可能。科学产生了结果，而巫术、魔法、迷信和纯粹的传统在这一点上都难以与之相提并论。

　　相较于之前获取知识的方法，科学方法可以说是一大进步。科学取代了曾经"权威即真理"的知识观念，即将各个"权威"的观点接受为真——尤其是古希腊哲学家亚里士多德（384-322 BC）的现存著作，以及教堂里的教诲——信任并非基于主张本身，而是基于作出主张的人。相比之下，科学方法强调，对于任何主张的信任，都必须基于测验以及对测验结果的详细观察。

　　但是，什么是科学方法呢？它真如我们通常所以为的那样可靠吗？科学是如何进步的呢？这就是科学哲学家所探究的东西。接下来，我们将讨论一些关于科学方法本质的一般问题。

简单的科学方法观

有一种科学方法观虽然简单，但却十分普遍。那就是，科学家的工作始于对世界某些方面的大量观察：比如对水加热现象的观察。观察应尽可能客观：科学家的目的是无偏见地、公正地记录数据。当科学家基于观察获得大量数据后，下一步就是构建用来解释这些数据模式的理论。一个好理论既要能解释已有的现象，又要能预测未来。如果这些预测和未来的实际情况不符，那么科学家就会修正理论以迎合实际情况。得益于自然界中大量的规律性，科学预测可以十分准确。

所以，举例来说，一个科学家可能会先在正常情况下将水加热至100℃，并观察到此时水开始沸腾并蒸发。然后，他或她会继续观察大量水在不同温度和压力下的表现。在这些观察的基础上，科学家会提出一个水的沸点与温度及压力的对应关系的理论。如果这是个好理论，那么它不仅能解释科学家观察到的这些现象，还能解释并预测未来可能会观察到的水在不同温度和压力下的表现。这种科学方法观认为，科学方法由观察开始，迈向理论，然后由此得到具有预测力的概括，或称为全称命题。如果这是个好的概括，那么它就会被看作一种自然法则。科学产生的结果是客观的，任何人都能通过重复原始的实验来验证这一结果。

尽管这种科学方法观极为普遍，甚至连很多全职科学家也这样认为，但它的确有许多不足，其中最重要的就是其关于观察本质和归纳论证的假设。

简单的科学方法观的反证

观察

如上所言，这种简单的科学方法观认为，科学家从进行无偏见的观察开始，进而提出解释这些观察的理论。但是，这其实是一种对观察的不准确描述：这假定了我们的观察不会受到已有知识和预期的影响，即假定了完全无偏见的观察是可能的。

我们在上一章讨论知觉时已经说过，看见某物并不仅仅是在视网膜上产生图像。用哲学家 N. R. 汉森（1924—1967）的话来说，"看见不只是物象到达眼球"。我们关于可能看见的事物的知识和预期会影响到我们的真实所见。比如，在我看来，电话交换机的电线只是一堆杂乱的彩色电线，但一位电话工程师则会看到其中的电路连接模式等等。这位电话工程师的知识背景影响了他或她所真实看到的东西。这并不是说，我和这位工程师只是对同样的视觉体验做出了不同的解释：正如因果实在论所强调的，视觉体验与我们关于所见之物的信念是不可分割的。

再举个例子，受过良好训练的物理学家和前科学背景下的人观察同一个电子显微镜：物理学家会明白显微镜各个部分之间的联系，知道怎么使用它，并且知道能用它做什么，但对前科学*背景下的人来说，这大概就只是一堆奇怪又无意义的金属件和电线，杂乱又神秘地组合在了一起。

当然，不同观察者对同一景象的视觉体验会有很多重合之处，否则人们就无法交流了。但是，简单的科学方法观忽略了观察的一个重要方面：我们的所见并不只是简单的视网膜图像。我们看见的东西通常取决于所谓的"心理定式"：我们的知识、预期，以及文化背景。

不过值得提出的是，的确有一些观察不会受到信念的影响。尽管我知道地平线上的月亮并不比它升到最高点时更大，但是不由自主地，我看到的月亮确实变大了。这时我的感官体验就未受到背景知识的影响。当然，我会将这种体验描述为月亮"看起来变大了"，而不是"变大了"。我们可以用一些理论知识来解释这种现象，但这个例子的确说明，感官体验可以不受信念的影响。因此，所知与所见之间的联系并不像我们有时以为的那样简单：背景知识并不总会改变我们所看见的东西。不过在大多数情况下，心理定式的确影响着

---

*译者注：科学出现以前的知识。

我们的视觉体验，因此上述个例不会削弱这一反证的力度。

观察命题

这种简单的科学方法观还忽略了科学观察的另一个重要特征，即观察命题的本质。科学家必须将观察述诸语言。但是，这种观察命题的语言往往本身就带有理论假设。不存在完全中立的观察命题：观察命题"充满着理论"。哪怕是像"他碰到了裸露的电线，然后被电了"这样的日常命题，也假定了电这一物体的存在及其危险性。"电"这一词语的使用就预设了人接触电线会造成危险后果的整个理论。要完全理解这一命题，必须既了解电学理论，又了解生理学理论。事件的描述注定会充满理论假设，换言之，观察命题以特定的方式将我们的体验归类，但是，这并不是唯一可能的归类方式。

真正在科学中使用的观察命题更是预设了相当复杂的理论，比如"加热会影响材料的分子结构"。理论永远是前提：不存在先于理论的无偏见的观察，简单的科学方法观在这一点上大错特错。你看见的往往取决于你所知道的，而你所选择描述所见之物的语言，也总是已经假设了关于此物本质的理论。这是观察的本质不可避免的两个事实，这使得观察并不那么客观、公正和中立。

选择

关于观察的第三点是，科学家并不只是在"观察"、记录下每一个现象的每一个数据。这在物理上是不可能的。科学家会选择自己关注的方面，同样，这种选择也离不开理论预设。

归纳问题

简单的科学发展观基于归纳而非演绎，由此引出了另一种反证。归纳和演绎是两种不同的论证方法。归纳论证通常包括基于一定数量的具体观察而做出的概括。如果我观察了大量有毛的动物，然后得出有毛的动物都是胎生的结论，那么我使用的就是归纳论证。相比之下，演绎论证的结论则是由特定的前提开始，经由逻辑推导而得出。比如，我可以由"所有鸟都是动物"和"天鹅是鸟"两个前提推得，所有天鹅都是动物：这就是一个演绎论证。

演绎论证具有真值保存性。也就是说，只要演绎的前提是真的，结论就必然是真的。如果你承认前提却否认结论，那么你就会自相矛盾。所以，如果"所有鸟都是动物"和"天鹅是鸟"都是真的，那么所有天鹅就必然都是动物。与此相反，在归纳论证中，真的前提并不一定会导向真的结论。即便我观察了成千上万只有毛的动物，而且准确无误地观察到它们每一只都是胎生，但我由此归纳得出所有有毛动物都是胎生的结论仍有可能是错的。实际上，鸭嘴兽就是一种下蛋的有毛动物，这就证明上述概括并不正确。

　　我们无时无刻不在使用这种归纳论证。我喝过很多次咖啡，一次也没中毒，因此我基于归纳论证得出，以后喝咖啡也不会中毒。夜晚之后总是白天，所以我假定未来也会一直如此。我观察过很多次，站在雨中会淋湿，于是我推定将来也会和过去一样，然后尽可能避免站在雨里。这些都是归纳的例子。归纳让我们对环境和自身行动的可能后果做出了相当可靠的预测。我们的整个生活都基于这种归纳，没有归纳原则，我们与周围环境的互动就会一团糟：我们将失去假定未来会和过去一样的依据。我们不知道放进嘴里的食物是会滋养我们，还是会毒害我们；我们不知道脚下的土地接下来是会继续支撑我们，还是会裂开个大缝。这样的例子还有很多。环境中一切预测的规律性都将受到质疑。

　　尽管归纳在我们的生活中极为重要，但不可否认的是，归纳原则远非绝对可靠。如上所述，在有毛动物是否都为胎生的这个问题上，归纳结论就出了错。相较于由真实前提演绎得出的结论，由归纳得出的结论并没有那么可靠。为了阐明这一点，伯特兰·罗素举了一个例子。一只鸡每天早上醒来，都认为自己会像前一天一样得到投喂。直到有一天，它像往常一样在早晨醒来，但这天它却被农夫拧断了脖子。这只鸡所使用的正是基于大量观察的归纳论证。极度依赖于归纳的人类是否也如这只鸡一样愚蠢呢？我们有何理由相信归纳是正确的呢？这就是所谓的归纳问题，由大卫·休谟在其著作《人性论》中提出。我们怎样才能证明依赖如此靠不住的论证方法是可行的呢？这尤其与科学哲学相关，因为至少在上文所探讨的简单理论中，归纳在科学方法中的作用至关重要。

最佳解释推理

并非所有的归纳论证都是上述形式。最佳解释推理就是另一种非演绎式的论证方法，有时也称为溯因。这种论证方法不仅是从过去的观察简单推出对未来的一般预测，它还需要根据某一假说所提供的解释来评判这一假说的合理性。最好的假说就是能够解释更多观察现象的假说。举例来说，如果我回家时发现厨房里有老鼠内脏的残留物，并且通常这个时间我的猫都会来问我要吃的，但今天它却一脸满足地睡着了，那么关于这件事的最好解释就是，我的猫在我外出的时候抓了一只老鼠吃了，然后现在正在打盹。我看见了证据，但我并非是经*演绎*推导出的这个结论：这件事还有其他的解释。

或许另外有只猫从猫门里蹿了进来，把老鼠内脏留在了厨房地板上；又或许我的妻子为了迷惑我，杀了一只老鼠，然后把它的内脏留在那儿嫁祸我的猫。不过，我的猫杀掉并吃了那只老鼠的假说是其中最合理的。因为其他假说虽然能够解释厨房里的老鼠内脏，但却解释不了为什么我的猫看起来那么满足。这类推理在科学和日常生活中都十分重要，但正如上述所言，它并不绝对可靠。同样的证据能够得出各种可能的解释。我的妻子或许确实嫁祸了那只猫，而且正好挑到了猫咪精神不佳、正巧在通常的晚餐时间睡觉的那一天。由此可见，最佳解释推理并不能像演绎论证一样，由可靠的前提必然推出可靠的结论。无论何种情况，我们都必须考虑，什么才能算作最佳的解释？以及为什么？

将最佳解释推理看作归纳的一种是否是对其最恰当的描述？哲学家对此意见不一。不过，他们都承认，这种论证的前提真实性并不能保证其结论的真实性。从这一点来说，最佳解释推理不具备演绎论证的可靠性。不过，这并非最佳解释推理的反证。在不可能进行演绎论证的情况下，我们仍会使用这类推理：比如有时，我们试图理解某件事的起因或解释，但这件事成为如今模样的可能性却不止一种。

归纳问题的另一个方面

到目前为止，我们只考虑了归纳问题的一个方面，即基于过去概括未来是否合理。但除此之外，归纳问题还有另一个方面尚待探讨，那就是我们可以基于过去得到许多不同的概括，每种概括都与现有数据相符，但它们对未来的预测却截然不同。哲学家纳尔逊·古德曼（1906—1998）举出的"绿蓝悖论"就是一个很好的例子。虽然这个悖论看着有点像诡辩，但它阐明了一个很重要的问题。

古德曼创造了"绿蓝"（grue）一词来揭示归纳问题的这第二个方面。"绿蓝"是一种虚构的颜色词。绿蓝色的物体是：要么它在 2000 年之前被检验，那时它就是绿色的，要么它在 2000 年之后被检验，那时它就是蓝色的。古德曼在 2000 年之前提出了绿蓝悖论：为方便理解，我在下文将这一时间点改为 2100 年。如果我们在 2100 年之前进行观察，那么大量证据都会表明"所有翡翠都是绿色的"这一概括是真的，但同时，"所有翡翠都是绿蓝色的"这一说法也与所有证据完全吻合。然而，选择哪种表述影响着我们对于 2100 年之后所作观察的预测。如果我们说"所有翡翠都是绿蓝色的"，那么我们就会预测 2100 年之后所检验的有些翡翠是蓝色的：那些在 2100 年之前检验的翡翠是绿色的；在 2100 年之后检验的翡翠就是蓝色的。但是，我们更有可能会说，"所有翡翠都是绿色的"，那么我们的预测就会是不论什么时候被检测，翡翠都是绿色的。

绿蓝悖论说明，我们基于归纳所作的预测并不是现有证据能指向的唯一可能预测。因此我们可以得出结论，基于归纳而作出的预测不仅不是百分百可靠，甚至也不是唯一与累计证据一致的可能预测。

尝试解决归纳问题

有效

关于归纳问题的回应之一是，对归纳的依赖不仅十分广泛，而且成效显著：归纳在大多数情况下都极其有效，它让我们得以发现自然界的规律，并对自然界未来的活动作出预测。正如前文所言，人类正是通过科学才实现了载人登月。如果我们认为科学是基于归纳原则的话，那么我们证明归纳合理性的证据就数不胜数了。的确，太阳明天不会升起的可能性一直存在，或者像那只鸡一样，我们也有可能第二天一早醒来，却发现自己今天要被拧断脖子，但是，归纳是我们目前所拥有的最好办法。再没有其他哪个论证能比归纳原则更好地帮助我们预测未来了。

上述辩护的一个反证指出，这种对于归纳原则的辩护本身就基于归纳。换言之，这是一个恶性循环的论证。这种论证等于是在主张，因为归纳已经在过去以各种方式被证明有效，所以它在未来也会继续有效。但是，这本身就是一种基于大量归纳可行的例子而做出的概括，其本身就是一种归纳论证。归纳的合理性无法被一个归纳论证证明：这是在产生问题，在这种论证中，你已经预先假设了要去证明的东西，即归纳是合理的。

演化

以"所有……"为开头的命题称为全称命题，比如"所有天鹅都是白色的"。全称命题假定了被归为一类的个体间具有相似性。在上述例子中，所有天鹅个体必须要共同拥有某种相似的特性，才能被归为一类。但是，正如"绿蓝悖论"所指出的，我们没有能够对世间的事物，或我们赋予事物的性质进行分类的方法。登陆地球的外星人可能会使用跟我们完全不同的分类方式，然后基于此做出跟我们完全不同的预测。

但是，就像"绿蓝悖论"的例子一样，某些概括似乎比其他概括更容易得出。对此，最可信的解释是演化：人类生来就由基因设定好了供我们将体验归类的各种类别。人类作为一个物种，在自然选择的过程中进化出了进行归纳概括的倾向，得益于这些倾向，我们对周围世界的活动做出了相当准确的预判。当我们进行归纳推理时，正是这些倾向在起作用：我们天生就有一种倾向，会以特定的方式将自己之于世界的体验进行归类，从而作出可靠的预测。不管这种理论能否证明归纳的合理性，它都解释了为何我们普遍都会相信归纳论证，同时也解释了为何归纳论证通常都是对的。

可能性

对归纳问题的另一种回应是，承认归纳结论并非百分百正确，但是指出，即便如此，其正确的可能性仍然很大。科学发现的所谓自然法则并不是已被证明成立的绝对法则：它们是正确性极高的概括。我们证实这些法则的观察越多，这些法则就越有可能是真的。这种回应有时也称为盖然论。我们不能说太阳明天一定会升起，但我们能基于归纳判断，它明天极有可能会升起。

不过，该回应的反证之一提出，可能性本身就是可变的。对一件事在未来发生的可能性的判断基于其过去的发生频率。但是，认为这种可能性会在未来继续成立的唯一依据本身仍是归纳性的。这依然是一种基于归纳来证明归纳合理的循环论证。

证伪主义：猜想与驳斥

解决归纳问题的另一种方法是，至少在其影响到科学方法的问题时，否认归纳是科学方法的基础。卡尔·波普尔（1902—1994）等人提出的科学哲学——证伪主义就是这样做的。证伪主义者称，简单的科学观是一种误导。科学家的工作并非始于观察，而是始于理论。科学理论和所谓的自然法则并不是对真理的宣称：相反，它们是旨在对自然界的各种方面作出分析的推测性尝试。它们只是猜想：是知识丰富的、旨在提升先前理论的猜想。

之后，科学家会对这些猜想进行实验测试。不过，这种测试的目的很特殊，它并非是要证明猜想是正确的，而是要证明猜想是错误的。正是通过试图证伪理论，而非证明理论的正确性，科学才得以运作。任何已证伪的理论都会被抛弃，或者至少得到修正。因此，科学便通过猜想和驳斥而获得了进步。任何理论都无法被证明绝对真实：任何理论在原则上都可以被证伪。这种观点似乎也与科学的进步史相吻合：哥白尼的日心说取代了托勒密的地心说；爱因斯坦的物理学理论取代了牛顿定律。

相较于简单的科学观，证伪主义至少有一大优势，那就是单个反例即足以证明整个理论并不能令人满意。无论有多少观察实例可以证明一个理论的正确性，我们都不能百分百确定未来的观察结果仍会符合这一理论。这是全称命题的一个特点。如果我说，"所有天鹅都是白色的"，那么只需观察到一个黑天鹅的反例，我的理论就能被证明是错误的。哪怕我观察了两百万只天鹅都是白色的，下一只我看到的天鹅仍有可能是黑色的：换言之，证伪概括比证实概括要容易得多。

可证伪性

利用证伪主义，我们还能区分有用的科学假设和与科学无关的假设。一个理论的有用程度取决于其可证伪的程度。如果没有任何可能的观察能够证伪某个理论，那么这个理论就对科学无用，甚至根本不是一个科学假设。举例来说，"在西班牙，雨主要下在平原地区"的假设就很容易通过实验被证伪，而相较之下，"今天要么下雨，要么不下雨"就不可能有实验能够将其证伪。后一种命题是定义上的真实，因此与经验观察无关：不是一个科学假设。

一个理论越容易被证伪，它对科学就越有用。许多命题的表述模棱两可，让人看不出该怎样测试它，或是不知该怎样去解释其结果。但是，一个大胆的、可证伪的命题很快就能被证明要么是错误的，要么足以扛住质疑。无论是哪种情况，科学都能由此获得进步：如果证伪成功，那就能激励人们去发展其他不那么容易被证伪的假设；如果证伪失败，那就证明这是一个可靠的理论，任何新的理论都要在此基础上加以改进。

细究起来，一些人们广泛认为是科学的假设实际上都是无法测试的：不存在能够将其证伪的观察。其中一个颇具争议的例子就是精神分析。有些证伪主义者认为，精神分析的许多说法在逻辑上都是不可证伪的，因此也是不科学的。如果一个精神分析学家声称，某位病人的梦其实是反映了其童年时未解决的一次性冲突，那就不存在可以将这种说法证伪的观察。如果病人否认曾经有过这种性冲突，那么分析学家就会将这种否认看作病人掩饰的证据，从而进一步佐证其假设；如果病人承认分析学家的解释是对的，那么这同样也是对其假设的一种佐证。所以，分析学家的说法不可证伪，因此也无法帮助我们更好地理解世界。证伪主义者由此认为，这是一种伪科学假设：根本就不是真正的科学假设。不过，就算某个理论从这种意义上来说不算科学，那也并不代表它就毫无价值。在波普尔看来，许多精神分析的假设最终都是可证的，但是在其前科学的形式下，这些假设不应被看作科学假设。

在科学中避免不可证假设的原因是，它们会阻碍科学的进步：如果没有被反驳的可能，那它们也就无法被更好的假设取代，那么，标志着科学进步的猜想和驳斥的过程就会受阻。科学是在错误中进步的：通过被证伪并被取代的理论。从这个意义上来说，科学必然存在着一定的试验和错误。科学家测试一个假设，看它能否被证伪，如果可以，那就用更好的假设取代它，然后再对这个更好的假设进行测试、证伪，从而不断前进。通过那些被取代的假设——那些错误，我们就能获得更多关于世界的知识。相反，那些逻辑上不可证伪的理论对科学家们则几乎毫无用处。

许多最具革命性的科学发现都始于大胆的、富有想象力的猜想。波普尔的理论强调了构思新理论时所包含的创造性想象。相比于简单的科学观，即认为科学理论是从观察中得出的逻辑推论，波普尔的理论显然对科学中的创造力做出了更合理的解释。

证伪主义的反证

证实的作用

证伪主义的反证之一认为，证伪主义并未考虑到证实假设在科学中的作用。一个科学假设能否成功地预测未来，决定着其能否被接受，但是，证伪主义由于太过关注证伪，反而弱化了这种证实假设的作用。比如，如果我的假设是，水的沸点会随着环境的气压而不断改变，那么我就会基于此来预测水在不同压力下的沸点。因此，我就能预测出——准确地预测出——登山者在高海拔区没法泡一杯好茶，因为水的沸点在高海拔区达不到 100℃，茶叶泡不开。如果我的预测被证明是正确的，那么我的理论也就会由此得到佐证。上述证伪主义忽略了科学的这一方面。基于假设的成功预测在科学发展中意义重大，对不寻常的、原创的假设来说尤为如此。

这并不会削弱证伪主义：单个证伪观察的逻辑力量始终大于任意数量的证实观察。不过，证伪主义需要稍加调整，以承认证实假设的作用。

人为错误

证伪主义似乎主张单个反例即可推翻整个理论。但在实践中，任何科学实验或研究都是由许多部分组成的，这其中的很多地方都可能产生错误或是对结果的错解。测量仪器可能出故障，数据收集方法或许不可靠。因此，科学家显然不能因为一个反例看似破坏了某一理论，就轻易动摇自己的立场。

波普尔也会对这种观点表示支持。对证伪主义来说，这不是一个大问题。从逻辑的角度来看，单个反例在原则上的确可以破坏一个理论。但是，波普尔并非是在主张科学家只要发现一个明显的反例，就应该直接抛弃某一理论：他们应该持怀疑态度，并且探究错误的每一个可能原因。

不符合史实

证伪主义不能充分解释科学史上许多最重要的发展。哥白尼认识到了太阳是宇宙的中心，并且地球和其他行星都围着太阳转。然而，哥白尼革命却表明，哪怕存在明显的反证，权威人物也不会否定自己的假设。关于宇宙本质的科学模型并未由猜想导向驳斥，从而发生改变。相反，直到物理学发展了几个世纪之后，这一理论才通过观测数据得到了充分验证。

此外还有艾萨克·牛顿（1642—1727）的引力理论。当时，这一理论发表没多久，就有人提出月亮轨道的观测数据明显与之不符。一直到很久之后，这些观测数据才被证实是有误导性的。尽管存在明显的反例，但牛顿和其他科学家仍然坚持引力理论的主张，而正是由于他们的坚持，科学才得以获得了极大的发展。然而，如果按照波普尔的证伪主义，人们就该抛弃牛顿的理论，因为它已经被证伪了。

上述两个例子说明，证伪主义的科学理论与实际科学史并不那么相符。这一理论至少需要修正，以准确地解释科学理论的更替。托马斯·库恩（1922—1995）是新范式的出现，即出现了一个开展科学研究的全新框架。在这些时刻，因大量反例而抛弃一个被驳斥的范式是不理智的。激进的新范式破坏了此前科学开展方式的假设：它们带来了新假设、对证据的新解释，以及新一波待解决的问题。新范式的合理性并非产生于旧范式的框架内部。科学的进步不是通过猜想和驳斥，而是通过一系列范式的转移。

科学主义

科学的力量常被夸大。有人甚至宣称，科学能解释关于人类处境的一切重要问题。他们认为，如果某个问题不能通过科学得到解释，那它就无法得到解释。有的哲学家甚至表示，哲学本身就是科学的一部分，类似的主张在文学和音乐等其他学术领域也很常见。"科学主义"一词常被用来暗讽这一类观点。

科学主义的反证

解释的狭隘理解

科学家旨在得出的解释是普遍性的，他们所追求是能够在多种情境下广泛应用的法则式的概括。然而，以恋爱为例，尽管通过两人的生理反应、基因遗传、童年经历等各个方面的分析，我们或许也能较准确地了解这段恋爱关系，但是，这种分析忽略了坠入爱河（或一拍两散）的鲜活体验—— 一个更适合小说家或诗人，而非实验心理学家的话题。同样，对那些试图理解一段音乐的听者来说，他们也不需要乐理学家对和弦的复杂分析，或是生理学家对听觉的解释，就能很好地欣赏音乐。科学解释固然有其重要之处，但科学解释并不是一切。科学主义的主要反证就是，它高估了科学解释。

结 论

在本章中，我们重点讨论了归纳问题和证伪主义关于科学方法的解释。虽然全职科学家并不需要了解其工作的哲学含义，但证伪主义关于科学进步的解释却影响了许多人。哲学或许不会必然影响科学家的工作方式，但一定会改变他们对于自己工作的理解。

❀ 延伸阅读

A. F. 查默斯所著的《什么是科学？》（第三版，米尔顿凯恩斯：开放大学出版社，1999）是这一领域绝佳的入门读物：写得很好且引人深思。此书语言通俗易懂，并且涵盖了当代科学哲学的大多数重要问题。C. G. 亨普尔所著的《自然科学哲学》（新泽西州，恩格尔伍德克利夫斯：普林帝斯霍尔出版社，1966）和萨米尔·奥卡沙所著的《科学哲学：极简介绍》（牛津：牛津大学出版社，2002）也十分有用。

布莱恩·马吉所著的《波普尔》（伦敦：方塔纳出版社，1973）很好地介绍了卡尔·波普尔的哲学工作。托马斯·S. 库恩所著的《科学革命的结构》（第三版修订版，芝加哥：芝加哥大学出版社，1996）是科学哲学领域的一部重要书籍，影响深远且可读性强。

约翰·洛西所著的《科学哲学的历史简介》（第三版，牛津：牛津大学出版社，1993）研究了科学哲学史，内容清晰且有趣。

第七章
心　灵

　　什么是心灵？我们拥有非物理的灵魂吗？我们的思想是否只是物理物质的一部分，只是脑中神经受到刺激的副产物？我们怎么能确定他人的确拥有意识，而不是复杂的机器人呢？这些就是心灵哲学所关注的问题。

心灵哲学和心理学

　　尽管心灵哲学和心理学的联系相当紧密，但两者是不一样的。心理学是以人类行为和思想为研究对象的科学研究：通常以实验的方式对人进行观察。相较之下，心灵哲学不是一种实验学科：不包括实际的科学观察。心灵哲学的关注点在于概念分析。

　　心灵哲学家所关心的，是我们思考心灵时所产生的概念性问题。心理学家可能会通过问诊、测试等方法来研究病人的精神分裂症。但哲学家的问题却是概念性的，例如"什么是心灵？"或是"'精神疾病'到底是什么？"这类问题仅通过审视实例是无法回答的：我们需要分析问题中术语的意义。

再看一个例子。研究人类思想的神经心理学家可能会观察大脑的神经刺激模式，而心灵哲学家所探究的是更加基础的概念性问题，比如，这些神经活动能否等同于思考？我们关于思想的概念是否存在某些特征，能够表明其不仅仅是一个物理发生，或者用更传统的说法，我们是否拥有区别于身体的心灵？

在本章中，我们将探讨一些心灵哲学的核心争论议题，并重点讨论心灵的物理解释是否充分，以及我们能否知晓他人心灵的问题。

心／物问题

我们通常会从精神和物理两个方面来描述自身和世界。精神方面包括思考、感受、抉择、做梦、想象、希望等等；物理方面则是脚、四肢、大脑、茶和帝国大厦之类的东西。

显然，有些事需要我们同时运用精神和身体来完成，比如打网球：我们要考虑比赛规则，还要思考对手下一球可能会打在哪里等等，此外，我们的身体还要动起来。但是，心灵和身体真是分升的吗？还是说，这只是一种方便我们谈论自己的方式？这类探究心灵和身体究竟如何相关的问题就是心物问题。

　　心 / 物二元论者相信，心灵和身体是分离的，并且我们每个人都同时拥有一个心灵和一个身体。而物理主义者则相信，精神在某种程度上跟物理物质是同一个东西，我们每个人都只有血肉之躯，除此之外并无独立的心灵。

僵 尸

　　这个问题很重要。想象存在一个每个细胞都跟你一模一样的克隆体。在物理主义者看来，这个人造克隆体必然和你有着相同的意识体验。但二元论者却认为，虽然你和你的克隆体在身体上没有差异，但你们可以拥有不同的精神世界。在极端的例子中，你的克隆体或许会跟你以同样的方式行事，用同样的口音说出同样的话，但实际上却毫无内在生命。你的克隆体在某种程度上就像个僵尸。这个僵尸做着跟你一样的事，烫到自己时也会大喊"哎呦！"但其实却感受不到疼痛。

　　这显然是个牵强的例子，我们并不是说有的人活得就像僵尸一样。举这个例子是为了说明物理主义者和二元论者所持观点的巨大差异。从原则上来讲，二元论者相信心灵和身体是可以分离的，思想实验也是有意义的。对物理主义者来说，上述僵尸也不存在：他们相信，任何人如果和你有着一模一样的分子结构，那么这个人也会和你有一模一样的内在生命，并且像你一样具有意识体验。

二元论

如上所述，二元论认为存在一个非物理的物质：精神。二元论者相信，身体和心灵是截然不同的两种物质，它们相互交流却又彼此分离。像思考这样的精神过程与激发脑细胞这样的物理过程是不一样的。精神过程发生在心灵里，而非身体里。心灵不是活着的大脑。

许多人都持有心／物二元论的观点，尤其是那些相信可以超越身体死亡的人。他们相信，人类可以通过去到某个精神世界，或是重生到另一个身体里而继续存活。这两种办法的前提都是人类并非仅是物理性的存在，我们最重要的部分是非物理的心灵，即宗教背景下通常所说的灵魂。勒内·笛卡尔也许是最著名的心／物二元论者：心／物二元论也常被称为笛卡尔二元论。

相信二元论的一大理由是，我们中的大多数人都难以想象，像大脑这样纯粹的物理物质，如何能产生复杂的感觉和思想模式，即我们称之为意识的东西呢？纯粹的物理物质怎么会感到忧郁，怎么会欣赏一幅画呢？这使得二元论作为心／物问题的解决方案具备了初始的合理性。不过，二元论也有不少有力的反证。

二元论的反证

无法进行科学研究

心/物二元论的反证之一提出，心/物二元论不能真正地帮助我们理解心灵的本质。它只是告诉我们，我们每个人的内心都有一个非物理的物质在思考、做梦、体验等等。但物理主义者指出，我们无法对一个非物理的心灵进行研究：尤其无法进行科学研究，因为科学只关注物理世界。我们能审视的只有心灵对世界的影响。

对此，二元论者可能会反驳称，我们可以通过自省，即通过内省自己的思想来观察心灵。此外，我们还可以通过观察心灵对物理世界的影响来间接研究心灵。科学工作大多都要通过所观察到的影响来推理其起因，对一个非物理的心灵进行科学研究也是同样的做法。除此之外，心/物二元论还有一个优势，即它解释了为何超越身体死亡是可能的，而物理主义者要做到这一点，就只能引入复活身体的概念。

进化

人类是由更简单的生命形式进化而来的这一点已经是不争的共识。然而，二元论很难对这种进化过程做出解释。像变形虫这样极简单的生物大概不会和人类，以及其他一些更高等的动物一样拥有心灵。那么，变形虫怎么会变成有心灵的生物呢？这种心灵物质是突然出现的吗？又是从何而来呢？而且，为什么心灵的进化几乎和大脑同步呢？

二元论者可以这样反驳：哪怕是变形虫也有十分有限的心灵，并且其心灵会随着身体的进化而进化。或者，他们还可以更进一步，宣称所有的物理物质都拥有某种心灵，即泛心论。泛心论者认为，即便是石头也有原始的心灵，他们还由此对人类精神能力的发展过程做出了解释，即人类的精神能力可以看作许多物理物质的组合，而这些物质的简单心灵融合而成了人类的复杂心灵。但是，很少有二元论者会同意这一观点，部分原因是它模糊了人类和我们认为是无生命世界之间的界限。

相互交流

二元论者面临的最大问题是，心灵和身体这样截然不同的两类物质是怎么做到相互交流的？显然，在二元论者看来，我能够先产生一个思想，然后再由这个思想引发我的身体行为。比如，我想挠一下鼻子，然后我的手指头就会伸到鼻子跟前挠一挠。但二元论者难以解释的是，这样一个纯粹的思想是怎样导致我的手做出挠的动作的？

这种困难在大脑事件密切相关于精神事件的事实面前尤为显著。比如，大脑的严重损伤明显会导致精神缺陷，那么，我们为何还要引入这样一个区别于身体的心灵呢？如果心灵与身体是截然不同的两种物质，那么心灵又为何会受到大脑损伤的影响呢？

违背基本的科学原则

相互交流的另一个解释难点是，这似乎违背了一个基本的科学原则。大多数科学家，尤其是物理主义派科学家，都认为一个物体的每个改变都可以由前一个物理事件来解释：所有物理事件的起因都是物理性的。因此，举例来说，如果某人脑内的神经细胞被激活，那么一个神经心理学家就会去寻找激活脑细胞的物理原因。但是，如果纯粹的思想，也就是心灵活动，能够引起行为，那就说明一些单纯的精神事件也能够直接导致物理事件。这样一来，二元论就相当于改变了这一基本的科学原则，而二元论者也因此不得不去证明这种改变的正当性。当然，二元论者可能会觉得，因为二元论的正确性是不证自明的，所以这种改变也是理所应当的。但是，如果这种改变的确有问题，那么比起说是一种迄今为止成效显著的科学假设出了错，假设错出在二元论上要合情合理得多。

否认相互交流的二元论

心 / 物平行论

二元论者还可以通过完全否认心灵和身体的相互交流来绕过这一问题。有些二元论者认为，虽然心灵和身体都是存在的，并且我们每个人都拥有一个心灵和一个身体，但是这两者之间并无真正的交流。这个稍显奇怪的理论就是心 / 物平行论。这一理论认为，心灵和身体就像是两个被调到同一时刻且平行计时的时钟。当有人踩到我的脚指头上时，我会感到疼痛，但这并不是因为我的身体给我的心灵传递了信号，而只是因为上帝（或是其他某种不可思议的宇宙巧合）已经设定好了让这两个独立的事件在我这里同步出现。有人踩在我的脚指头上的那一刻，我就已经被设定好了会感受到疼痛。然而，这两者之间并无因果关系：只不过是同时发生的两件事罢了。

偶因论

偶因论和心／物平行论一样略显奇怪，是另一个试图解释心灵和身体如何交流的理论。如上所述，心／物平行论主张心灵和身体之间的联系是一种错觉，但偶因论认为，这种联系是真实存在的，不过是因为上帝的介入才存在。是上帝将心灵和身体、我的脚指头受伤和我感觉到疼痛，以及我决定挠鼻子和我的手的行动，相互联系了起来。

偶因论和心／物平行论（至少是它最有说服力的表述）都面临一个主要问题，即它们都假定上帝是存在的，而我们在第一章已经探讨过，上帝的存在绝非不证自明。而且，即便是有神论者，也很可能会觉得这两种理论有些牵强。

副现象主义

第三个试图解释身心交流问题的理论是副现象主义。副现象主义认为，尽管身体事件能够导致精神事件，但精神事件无法引发身体事件，也无法引发另外的精神事件。心灵只是一种副现象；换言之，心灵不会以任何方式直接影响身体。在副现象主义者看来，"举手"是由"想举手"导致的这一因果关系看似明显，实则却是错觉。举手其实是一个纯粹的物理行为，只是看起来是由思想引起的罢了。所有的精神事件都直接由物理事件引起，但精神事件却不会导致物理事件。

副现象论跟平行论和偶因论一样，都是不太可靠的心灵理论。它引发的问题跟它能回答的问题一样多。其中很重要的一个就是，副现象论使自由意志成为不可能：我们永远无法选择行为，我们能拥有的只有选择的错觉。而且，为什么副现象论所主张的因果关系只能是单向的呢？物理原因能够造成精神影响，为什么反过来就不行呢？

物理主义

上文中，我们讨论了心/物二元主义及其反证和变体理论，现在让我们来看看物理主义。物理主义认为，精神事件完全可以通过物理事件，并且通常是大脑中的物理事件得到解释。与心/物二元论主张存在两种基本物质不同，物理主义主张一元论：只存在一种物质，即物理物质。相较于二元主义，物理主义的一个明显优势就是，它提供了一种科学研究心灵的方案。至少从理论上来说，对任何精神事件都可以进行纯物理的描述。

物理主义哲学家的目的不是探究特定的大脑状态具体怎样与思想匹配：这是神经心理学家和其他科学家的任务。物理主义哲学家主要关注的是，如何证明所有的精神事件都是物理性的，从而证明二元论是错误的。

物理主义有不少变体理论，其中一些更容易受到批评。

类型同一论

类型同一论主张，精神事件和物理事件具有同一性。举例来说，一个关于天气的思想只是一个特定的大脑状态。每当我们的大脑出现这种状态时，我们就可以将其描述为产生了一个关于天气的思想。这就是类型同一论，即某一特定类型的所有物理状态也是某一特定类型的精神状态。

为了更清楚地阐明这一点，我们来看"水"和"H_2O"的例子。这两者指代的是同一个物质，我们在日常生活中多使用"水"的说法，在科学背景下则多称其为"H_2O"。尽管"水"和"H_2O"指的是同样的东西，但这两种说法在意义上稍有差别："水"侧重于说明这一物质的基本属性，它是湿的等等；"H_2O"则表明了其化学成分。很少有人会要一杯"H_2O"加到自己的威士忌里，但水的确就是H_2O：它们是完全相同的一个东西。

同样，闪电也是某种形式的放电。用"闪电"还是"放电"

来描述这件事取决于我们是被困在雷雨天里，还是在科学地解释正在发生的事。即便我们不知道闪电的科学成因，我们也可以在日常生活中使用"闪电"这一词语，就像我们不知道水的化学成分也能使用"水"这一词语一样，并且我们知道"变湿"是什么样子的。

现在，让我们回到心 / 物同一理论，"一个关于天气的思想"和"一个大脑的特定状态"就是同一件事的两种表述方法。这两个短语描述了同一个事件，但意义却稍有不同。大多数人都会使用精神表述，即"一个关于天气的思想"来描述这件事，但根据类型同一论，从原则上讲，科学家则会对大脑状态（即该思想）进行详细分析。更重要的是，类型同一论者认为，该类型的所有思想实际上都是与之对应的同类型的大脑状态。这种心灵理论的优势之一就是，它提供了神经心理学家所要寻找的那类东西，即与各种思想类型相对应的大脑物理状态。不过，类型同一论也有不少反证。

类型同一论的反证

不了解大脑过程

我们拥有对于自己思想的直接知识，但我们中的大多数人都不了解大脑过程。有些人认为这是物理主义的反证：因为我们可以在完全不明白神经心理学的前提下了解思想，所以思想不可能是跟大脑过程一样的东西。我们每个人都拥有了解自己思想的特权：这就是说，我们每个人都比世界上的任何人更了解自己的想法，但大脑状态却并非如此。可是，如果思想和大脑状态具有同一性，那么它们就该拥有相同的属性。

不过，这对物理主义者来说不是大问题。我们或许对水的化学成分一无所知，但这并不妨碍我们理解"水"的概念，我们在喝水时也能分辨出自己喝的是水。同样，所有思想也可能都是大脑过程，但我们没理由非得知道大脑具体是怎么运作的才能理解思想。

思想的属性和大脑状态的属性

如果关于我姐姐的一个想法和一个特定的大脑状态具有同一性，那么这个想法就必须得和这个大脑状态准确地处于同一位置。但这似乎有点奇怪：思想好像并不会以这种方式确切地停留在某处。然而，根据类型同一论，这个结论就是必然的。假设我在盯了一会明亮的光之后，产生了荧光绿的后像。这一后像的大小和形状固定、颜色刺眼，但此时我的大脑状态在这些方面应该极为不同。那么，这一后像怎么能和某一个特定的大脑状态具有同一性呢？

所有思想都有相关物

所有思想都有相关物：一个思想不可能与任何事物都不相关。如果我在想"巴黎是我最喜欢的城市"，那么我的思想就与真实世界中的这一个城市相关。但是，大脑过程和大脑状态似乎就没有这种东西：与思想不同，它们与除其本身之外的任何事物好像都不相关。

Qualia：它是什么样子的

类型同一论和其他许多试图解决心 / 物问题的理论一样，常被诟病为没有考虑到意识体验，即处于某种状态下的真实感受。意识或许很难定义，但其中肯定包含着感觉、感受、痛苦、快乐，以及欲望等等。拉丁词语"qualia"有时被用来笼统地概括所有这些东西。虽然"水"和"H_2O"可以彼此替代来描述同一个物质，但"回想起我第一次看见纽约"却无法简单地被改述为"某个大脑状态"。这是因为在第二个例子中，我们所涉及的不再是无生命的物体：这一意识体验的感受是特别的。但是，如果将这种意识体验弱化为一种单纯的大脑状态，那这种特殊性也就无法解释了。它忽视了意识和思考中最基本的一个现象：*qualia* 的存在。为了强调这一点，我们来想象两种情况，体会其中的差异，一是从纯粹的物理角度想象某种剧痛——神经细胞的活动等等；二是想象真实地体验同等剧痛时的痛苦：物理描述完全表达不了体验这一状态时的真实感受。

个体差异

类型同一论的另一个反证提出，按照类型同一论，所有关于天气的想法，哪怕是由不同的人产生的，也必须是同类型的大脑状态。但是，我们有允分的理由相信，不同人的大脑运作存在细微差别，因此，即便是相似的关于天气的思想，也能由不同人的不同类型的大脑状态产生。

上段讨论还有一个前提，即思想能够被干净利落地分割：我们可以找到两个思想的分割点——前一个思想结束，后一个思想开始。类型同一论的一个基本假设就是，两个人可以产生完全同类型的思想。但在仔细分析下，这一假设却似乎相当不可靠。如果你和我都觉得夜色很美，我们使用的语言或许会是同一的，比如都会着重描绘云在月光下的样子等等，但我们此时一定是在想着同类型的东西吗？

我对于夜色之美的感受跟我之前所有关于夜晚天空的体验是不可分割的，而这一体验显然与你的体验完全不同。或者再举个例子，如果我相信《一九八四》的作者用的是笔名，而你相信埃里克·布莱尔写作时用的是笔名，那么我们脑袋里的思想是同类型的吗？当然，我们表述出来的语句会指向同一个人，也就是文学圈更为熟知的乔治·奥威尔。但这样的问题从来没有简单的答案。上述例子表明了一种困难，即很难将我们的精神生活分割成整齐的小片，然后单独拿出来和别人精神生活的小片进行比较。如果没法确定两个人的思想何时是同类型的，那么类型同一论就不是一个可靠的心灵理论。

殊型同一论

殊型同一论避免了类型同一论的一些问题。殊型同一论是物理主义的另一种形式，和类型同一论一样，也主张所有思想都与大脑状态具有同一性。但二者的不同之处在于，殊型同一论认为，同类型的思想不一定非得对应同类型的大脑状态。这一理论利用了"类型"和"殊型"的基本区别，举例来说明这种区别会更容易些。比如，《战争与和平》这本书的所有印本都是这一特定"类型"（小说《战争与和平》）的"殊型"；如果你有一台大众甲壳虫汽车，那么你所拥有的就是这一特定"类型"（甲壳虫汽车）的其中一个"殊型"。"类型"就是类别，"殊型"就是这一类别的个例。殊型同一论意在表明，某一特定类型思想的单个殊型不一定非要对应于完全同类型的物理状态。

所以，我今天想的"伯特兰·罗素是个哲学家"，或许会跟我昨天想这句话时的大脑状态不同。同样，你和我想这件事时也不需要处在同样的大脑状态。

不过，殊型同一论至少有一个主要反证。

殊型同一论的反证

同样的大脑状态可以有不同的思想

简单来看，殊型同一论似乎认为，物理上具有同一性、每个小分子都一模一样的两人也会产生迥异的思想。这听起来仿佛使得精神完全独立于物理之外了，并且让精神和物理之间的联系完全成了谜：甚至比心/物二元论还神秘。

不过，殊型同一论者通常会在其理论中引入"随附性"的概念。某物的某一属性"随附于"另一属性，即指前者依赖于后者而存在。比如，美貌可看作物理属性的随附属性：如果有两个人是物理同一的，那么就不可能说只有一个人漂亮，而另一个人不漂亮。但这并不意味着所有美貌的人也都是彼此同一的，上述例子只是说明，如果两个人的每个细胞都是同一的，那么这两个人肯定也都是漂亮的。如果我们将"精神属性随附于物理属性"的观点纳入殊型同一论，那么物理属性的一致性就会保证精神属性的一致性。换言之，如果两个人的大脑状态完全相同，那么他们也会产生相同的精神体验。然而，这并不意味着只因为两个人有着相同的精神体验，他们就必须处于相同的大脑状态。

行为主义

行为主义是另一个试图解决心/物问题的理论，但它与前文所述的二元论和物理主义极为不同。行为主义直接否认了心灵的存在，这一点与大多数人的基本信念相悖。接下来，让我们仔细看看它是如何做的。

行为主义者认为，当我们描述某人处在痛苦中或被激怒时，我们并非是在描述其精神体验，而只是在描述此人的公共行为或假想情况下的潜在行为。换言之，我们只是在描述人们在各种情况下会做的事，即他们的行为倾向。处在痛苦中就是会依照不同的痛苦强度，倾向于去皱眉、呻吟、哭喊、尖叫等等；被激怒则是倾向于去大喊大叫、跺脚以及粗鲁地回应他人。在行为主义者看来，虽然我们会谈论精神状态，但这只不过是一种描述特定行为和行为倾向的简化表达。这种描述精神行为的方式让我们以为另有心灵存在。著名行为主义哲学家吉尔伯特·赖尔（1900—1976）将二元论观点称为"机器中的幽灵"，其中幽灵就是心灵，机器就是身体。

　　行为主义的解释使得心／物问题成了伪问题——不是一个真正的问题。既然精神体验能够通过行为模式轻松得到解释，那么也就无须再去解释心灵和物体之间的联系。所以，与其说是解决心／物问题，行为主义者完全否认了这一问题的存在。

行为主义的反证

伪装

　　行为主义的反证之一认为，行为主义无法区分真正痛苦的人和伪装痛苦的人。如果所有关于精神的言论都只是在描述行为，那么我们就无法解释，演技逼真的演员和真实遭受痛苦的人之间有何不同。

对此，行为主义者可能会反驳说，如果我们对伪装痛苦的人和真实痛苦的人进行倾向分析，就会发现这两者其实是不一样的。他们的行为虽然表面相似，但是肯定会在某些情况下表现出不同。比如，假装痛苦的人不可能产生所有伴随痛苦的生理现象——体温变化、出汗等等。假装痛苦的人吃止痛片时的反应也会和真实痛苦的人大不一样：真实痛苦的人能因其痛苦行为发生改变而知道药物起作用的时间，但伪装者就无从得知这一点。

Qualia

行为主义的另一反证指出，行为主义未能包括任何处于特定精神状态时的真实感受，它将所有的精神事件都弱化为了行为倾向，从而越过了 qualia 的问题。这一反证指责行为主义将真实的痛苦体验等同为单纯地倾向于去喊叫、皱眉、说"我很痛苦"，的确是个相当有力的反证。痛苦的真实感受并不是虚构的，而是精神生活的核心，但行为主义却忽略了这一点。

我如何知道自己的信念？

按照行为主义，我得知自己信念的方法和得知他人信念的方法完全一样，即观察行为。这显然与实际情况不符。我或许能通过听自己说的话、监测自己在各种情况下的做法，获得一些关于自己真实信念的有趣发现，但我并不需要观察

自己的行为来知道 "杀人是错的" 或是 "我住在英国"，我不需要像个私家侦探似的研究自己的行为才能知道这些事。因此，行为主义无法很好地解释了解自我信念和了解他人信念之间的方法差异。

对此，行为主义者可以这样回答：当我内省时，比如我在思考自己是否真的相信虐待是残忍的，那么这时我真正在做的，其实是在问自己"当我知道有人受虐待时，我会怎么说、怎么做？"我从这个答案中便能知道自己的相关倾向。如果事实确实如此，那么行为主义假设我们以同种方法来了解自己和他人的信念就是合理的。不过，这种分析并不是特别有说服力：这跟我内省时的感受不一样。

瘫痪病人的痛苦

行为主义理论完全基于研究对象的个人反应或潜在反应，按照这种分析，完全瘫痪的人就无法拥有精神体验。如果他们不能且永远不能活动，那么他们还能有什么行为呢？行为主义者将不得不承认，完全瘫痪的人无法感受痛苦，因为他们无法表现出任何痛苦的行为。然而，我们可以从一些瘫痪又康复的人那里得知，瘫痪的人往往有着极其丰富的精神体验，并且肯定拥有感受痛苦的能力。

信念会导致行为

行为主义的另一个反证提出，行为主义否定了信念导致行为的可能性。在行为主义者的分析中，相信要下雨不是某人穿上雨衣的原因，相反，某人穿上雨衣的倾向才是其相信要下雨这一信念的主要组成。精神事件无法独立于行为存在，因此也无法导致行为：根据行为主义，精神事件只是特定的行为倾向。但实际上，精神事件或多或少的确会导致行为。我*因为*相信要下雨而穿上雨衣。然而，行为主义者无法用我相信要下雨的这一信念来解释我穿上雨衣的行为，因为在行为主义者看来，我的信念是由我的行为及特定的行为倾向所构成的：信念和行为无法分割。

功能主义

功能主义是近代才发展起来的哲学流派，也是一个试图解决心／物问题的理论。它所重点关注的是精神状态的功能角色：在实践中，这意味着关注输入、输出以及各内在状态之间的联系。功能主义者通过某一精神状态和其他精神状态之间的特定联系及其对行为的影响来定义这一精神状态。所以，一个关于天气的思想由其与其他思想间的联系定义：该思想的起因、该思想与其他思想之间的联系，以及该思想所引发的行为。这样一来，功能主义既保留了行为主义观点的一些优势，比如精神活动通常与行为倾向紧密相关，同时又承认了精神事件的确可以导致行为。

我们可以通过对比电脑和电脑程序的关系来更好地理

解功能主义。当谈论电脑时，我们很轻易就能区分出硬件和软件。电脑硬件是真实构成电脑的东西：晶体管、电路、硅芯片、屏幕、键盘等等；软件则是程序：由硬件所运行的操作系统。软件可适用于各种硬件系统，它通常是一系列复杂的指令集合，可以在硬件中以不同的方式运行，但最终达到同样的效果。

作为一种心灵理论，功能主义所关注的是思想的软件而非硬件。在这一点上，功能主义与行为主义相似。相较之下，物理主义则旨在揭示硬件的特定部位（人类大脑）和某个特定的软件包（人类思想）之间的联系。虽然功能主义与多种物理主义都是相容的，但它绝对不是一个关于思想硬件的理论：关于精神程序在何种物理系统中运行这一点，功能主义保持中立。功能主义的主要目的是搞清不同类型的思想和行为之间如何相关。

功能主义的反证

Qualia：电脑和人类

尽管功能主义是一种极受哲学家欢迎的心灵理论，但是，它也常被诟病未能充分考虑意识体验和感觉：痛苦、开心、产生关于天气的某个想法等等究竟是什么感受。

类似的反证常被用来反驳电脑也有心灵的观点。比如，当代哲学家约翰·希尔勒设计了一种思想实验，试图指出人类理解故事和电脑"理解"故事的差别。想象你被锁在一间房子里。你不懂中文。通过门上的信箱会传进来一些汉字卡片。房间里的桌子上有一本书和一堆印着其他汉字的卡片。你的任务是将从信箱中收到的卡片上的汉字和那本书上的汉字对应起来。然后这本书会告诉你另一个与之配对的不同的汉字。你必须从桌上的一堆卡片中找出写着这个不同的汉字的卡片,并把它通过信箱递出去。从门外来看,你就是在回答有关一个中文故事的问题:从门外传进去的卡片上是用中文写的问题;你递出来的卡片上是用中文写的答案。尽管你不懂中文,但在门外的人看来,你不仅懂这个故事,还对所提的问题做出了聪明的回答。但实际上,你根本不懂这个故事:你只是在操作对你来说无意义的字符。

所谓的"智能"电脑程序跟希尔勒"中国房"思想实验中的你就处于相同的情境。像你一样,电脑程序只是在单纯地操作符号,但却并不理解这些符号的真正意义。因此,如果我们以上述电脑的类比来看功能主义,那么功能主义就无法对心灵做出一个完整的解释。功能主义未能解释真正的"理解",而只是将其等同为了对符号的操控。

他 心

我们已经探讨了大多数试图解决心/物问题的理论。可以看到,没有哪个理论能够完全令人满意。现在让我们来看看另一个心灵哲学的问题，即他心问题。我怎么能知道其他人是跟我用同样的方式思考、感受，跟我一样拥有意识呢？我能确定自己何时处于痛苦中，但我能确定他人何时处于痛苦中吗？我按照自己的生活方式，假设他人也跟我一样具有感知能力，但我怎么能知道事实的确如此呢？就我所知道的而言，他人也可能只是高度复杂的机器人或自动装置，被设定好以拥有内在生活的样子来做出回应，但实际上却根本没有内在生活。

虽然上述问题听起来好像是某种偏执的妄想，但对哲学家而言，这却是值得投入大量精力探讨的严肃问题。关于他心问题的一个研究揭示了我们了解自己体验和他人体验的方式的重要差异。

对行为主义来说不是问题

关于这些他人体验的问题，我将在下文介绍一种最常见的回答方式，但在此之前值得一提的是，他心问题对行为主义来说并不存在。对行为主义者来说，根据他人的行为来判断其精神体验是完全合理的，因为这就是心灵的定义：在特定情况下的特定行为倾向。这就引出了那个著名的行为主义者笑话：两个行为主义者在做爱后互相问对方"你的体验挺好的，我的体验怎么样？"

类比论证

类比论证是关于"他人有无意识"这类问题最常见的回答。在第一章讨论以设计论证明上帝存在时，我们已经知道，类比论证是基于两个十分相似的物体间的比较。如果一物在某些方面与另一物相似，那么我们就推定它们在其他方面也是一样。

他人与我在很多重要方面都是相似的：我们是同一物种，因此有着十分相似的身体构造；我们的行为也很相似，当我处于极度的痛苦中时，我会尖叫，而大多数人类在处于我认为会带来极度痛苦的情况时也会尖叫。根据类比论证，从我和他人在身体和行为上的相似性就足以推出，他人的确和我以同样的方式拥有意识。

类比论证的反证

不足为据

类比论证无法确凿地证明他人拥有心灵。类比论证的成立需要大量的证据支撑，但在他心问题的类比论证中，我能见证某种特定类型的身体和行为与某种特定类型的意识之间有所关联的例子只有一个，即我自己。

不仅如此，他人的身体和行为与我的身体和行为之间还存在很多不同之处。这些不同之处可能比相似之处更为重要：

我可以利用他人与我在身体和行为上的不同来类比说明，我们或许拥有不同类型的精神体验。此外，作为一种归纳论证，类比论证只能为其结论提供可能的证据：永远不能确凿地证明任何事。因此，这种论证最多只能说明他人极有可能拥有心灵。这不是一个演绎证明。不过，正如我们在"科学"一章中所说，尽管没有证据，但我们仍有充分的理由相信，太阳明天会升起。

不可验证

我们没法确凿地证明诸如"他很痛苦"这样的陈述究竟是真的还是假的。仅仅因为某人在尖叫，并不能说明他正在经历跟我一样极度痛苦的体验。他或许根本没有任何体验。一切表达体验的语言都不可靠：机器人也能在这种情况下被设定好，演得相当逼真。没有观察能够证实或反驳他人正在经受痛苦一事。诚然，在实际情况中，他人在尖叫已经足以让我们相信此人很痛苦，但从逻辑上来讲，尖叫的行为并不能作为痛苦的绝对证据（虽然大多数人在生活中都假定这是可靠的）。

当然，我们可能会觉得假设他人没有意识相当离谱。我们或许已经确信他人是有心灵的，所以也不需要确凿的证据再去证明这一点——显然这就是我们大多数人在大多数时候的做法。正如我们在第五章所讨论的，唯我主义并不可行。

结 论

我们在这一章重点讨论了二元主义、物理主义和他心问题，这些都是心灵哲学中的核心问题。哲学本身就是一个关注思想本质的学科，因此，许多哲学家，尤其是心灵哲学家，都将本章所探讨的问题视为几乎所有哲学问题的基础。20世纪的许多杰出哲学家都致力于研究心灵哲学，所以此领域的不少书籍都相当复杂和专业。下文所列的推荐阅读应该能为读者在心灵哲学书籍的繁杂迷宫中提供些许指引。

❀ 延伸阅读

戴维·帕皮诺著、霍华德·塞丽娜绘的插图版《意识介绍》（剑桥：Icon Books 出版社，2000）对心灵哲学中最重要的诸多问题作了简述，内容生动易懂。罗伯特·柯克所著的《心灵和身体》（切舍姆：Acumen 出版社，2003）和乔治·格拉汉姆所著的《心灵哲学入门》（第二版，牛津：布莱克威尔出版社，1998）对上述许多同样的心灵哲学问题作了更传统的介绍。蒂姆·克莱恩所著的《机械心灵》（第二版，伦敦：劳特利奇出版社，2003）通过讨论心灵是否与电脑一样来探究心灵哲学中的核心问题。

道格拉斯·R.霍夫施塔特和丹尼尔·丹尼特编著的《心灵的我》（伦敦：企鹅出版社，1982）是一本生动有趣的选集，收编了许多探讨心灵哲学观的论文、沉思录和短篇故事。该选集收录了约翰·希尔特关于电脑是否真能思考的论文《心灵、大脑和程序》。威廉·莱昂斯编著的《现代心灵哲学》(伦敦：Everyman/J. M. Dent 出版社, 1995)也是一本十分有用的选集。

此外还有大量的网络资源，其中由哲学家戴维·查尔莫斯所运营的网页包含了由他本人注解的当代心灵哲学书录，网址是：www.u.arizona.edu/chalmers。

第八章
艺　术

　　许多人都会参观艺术馆、读小说和诗歌、欣赏戏剧和芭蕾、看电影、听音乐，人们或多或少都想过，艺术究竟是什么？这个问题是一切艺术哲学的基础。在本章中，我们将探讨几种已有的回答，然后讨论一些关于艺术批评本质的哲学问题。

　　诸如电影和摄影等新型艺术形式涌现，艺术馆甚至展出一堆砖块或是一摞纸箱，这让我们不得不思考，艺术的界限在哪里？显然，艺术在不同时期、不同文化中的意义不同：艺术不仅有着仪式、宗教和娱乐目的，还体现着其所处文化中最核心的信仰、恐惧和欲望。早期的艺术定义似乎更清晰，但如今，我们仿佛处在一个无论什么都能被称为艺术的时代。那么，是什么使得某件物品、某篇文章或是某首乐曲能够脱颖而出，成为艺术品呢？

艺术能被定义吗？

　　艺术作品的种类十分繁杂：绘画、戏剧、电影、小说、音乐和舞蹈之间几乎没有共同之处。一些哲学家由此认为，艺术无法被定义。艺术品的种类太多了，根本找不到一个能完美适用于所有艺术品的定义，试图在艺术品中找共同点根本就是个错误。为了支持自己的主张，他们使用了家族相似性的概念，这一概念由路德维希·维特根斯坦在其著作《哲学研究》中提出。

家族相似性

你或许长得有点像你爸爸，你爸爸又或许长得像你姑姑，但是，你跟你姑姑却可能长得一点都不像。换言之，家族各成员彼此间或许有许多重复的相似点，但这并不意味着一定会存在某个可观察到的、所有成员都具备的共有特征。同样，许多游戏也都彼此相似，但我们很难看出纸牌接龙、西洋棋、橄榄球和弹圆片游戏＊之间有什么相同之处。

不同艺术之间的相似性或许就是这样：尽管某些艺术品之间具有明显的相似性，但它们却没有任何可观察到的共有特征，即没有共同点。因此，为艺术寻求一般定义是一种错误。我们最多只能对某一种艺术形式下定义，比如小说、剧情电影或是交响乐。

＊译者注：tiddlywinks 是一种在平坦的毛毡垫上进行的游戏，玩家用一个稍大的圆片将其他小圆片弹入目标罐子。

家族相似性的反证

证明上述观点错误的方法之一是给艺术下个令人满意的定义，我们将在下文介绍几个试图定义艺术的理论。不过，值得提出的是，即便是在家族相似性理论中，所有成员也的确有一个共同点：遗传基因。所有游戏也都在吸引玩家或观众的非实用兴趣方面彼此相似。虽然这种对于游戏的定义相当模糊，不能完全令人满意，比如它就不能帮我们把游戏和亲吻、听音乐等行为区分开，但是，这为我们找到更细致、更可信的游戏定义提供了可能。如果给游戏找共同点是可行的，那么我们就没有理由提前排除给艺术品找共同点的可能性。当然，所有艺术品的共同点最终或许不是特别有趣或重要，但其存在的可能性是不可否认的。现在，让我们来看看几种关于艺术定义的理论：有意义形式理论、艺术观念论和艺术制度论。

有意义形式理论

有意义形式理论流行于 20 世纪早期，常与艺术评论家克莱夫·贝尔（1881—1964）及其著书《艺术》联系在一起。该理论认为，所有真正的艺术品都会在观众、听众或读者心中唤起一种审美情感。这种审美情感不同于日常生活中的情感：它没有任何实用性的考虑。

艺术品有何特质能让人们对其产生如此反应？艺术品又为何会唤起这种审美情感？贝尔给出的答案是所有真正的艺术品都拥有一种品质，即"有意义形式"。"有意义形式"是贝尔自创的词，指的是某一艺术品不同部分之间的特定联系——其独特的结构特征，而非其内容。虽然这一理论通常只被应用于视觉艺术，但它也可以被看作对所有艺术的一种定义。

所以，举例来说，在有意义形式理论者看来，梵高的画作《一双旧鞋》之所以为艺术品，是因为其色彩和肌理的组合构成了有意义形式，从而在敏感的评论家心中唤起了审美情感。

有意义形式无法被定义，只有敏感的评论家才能在艺术品中本能地感知到它，而不敏感的评论家就感知不到。与下文将提到的制度论者不同，贝尔认为，艺术是可评价的：任何被称为艺术品的东西不仅是被归类为了艺术品，它们自身还拥有着特定的价值。所有真正的艺术品，不论来自哪个时代或文化，都具有有意义形式。

有意义形式理论的反证

循环性

有意义形式理论的两个主要概念彼此相互定义，这使得这一理论的论证似乎是循环的。"有意义形式"仅仅是可以唤起审美情感的某一作品的形式属性，而审美情感则是只在具有"有意义形式"的作品中才能被感知到的特定感情。这种定义完全没有说服力，如果我们跳不出这种定义的循环，那么这一理论就毫无信息价值。我们需要独立识别"有意义形式"或"审美情感"的方法。如果两者都没有独立的识别标准，那么，该理论就只是一个恶性循环的理论。这就像是在字典里查"是"，发现其定义为"'否'的反义词"；然后查"否"，又发现其定义为"'是'的反义词"。

不可反驳性

有意义形式理论的另一个反证提出，这一理论无法被反驳。有意义形式理论假设，所有真正的艺术体验者在欣赏真正的艺术品时，都只能产生一种感情。然而，这一点极难证明。

如果某人宣称自己充分体验了某个艺术品，但是却没有体会到上述的审美情感，那么在贝尔看来，这个人就是搞错了：他要么并未获得充分的体验，要么不是个敏感的评论家。但是，这其实是在假设这一理论需要去证明的东西，即确实存在一种由真正的艺术品所唤起的审美情感。因此，这一理论无法被反驳。而在许多哲学家看来，一个从逻辑上无法被反驳、任何观察都只能证实它的理论没有意义。

与之类似，如果某个我们认为是艺术品的东西没有激起一个敏感的评论家的审美情感，那么在有意义形式理论者看来，这就不是一个真正的艺术品。同样，没有观察能够证明有意义形式理论者是错的。

艺术观念论

　　R. G. 柯林伍德（1889—1943）在其著作《艺术原理》中对艺术观念论所作的表述最具说服力。与其他艺术理论不同，艺术观念论主张真正的艺术品是非物质的：是艺术家心中的一个想法或一种情感。这种想法以富有想象力的物质形式被表达出来，并且由艺术家通过参与特定的艺术媒介而做出调整，但这个艺术品本身只存在于艺术家的心中。观念论的某些表述会着重强调艺术品所表达的情感必须是真诚的，这也是观念论的一个重要评价指标。

　　观念论认为，艺术不同于工艺。艺术品不服务于特定目的，它们是由艺术家利用颜料或文字等特定媒介创造出来的。相较之下，工艺品则服务于特定目的，且工匠通常会在一开始就定好制作计划，而不是在制作过程中设计作品。举例来说，毕加索的画没有特定用途，画作内容也不是完全提前计划好的，而我面前的桌子则显然具有特定功能，并且是根据已有设计，即蓝图而建造的。毕加索的画是艺术品，而我的桌子就是工艺品。这并不是说艺术品不能包含工艺：显然，许多艺术品都有工艺的成分。柯林伍德明确表示，艺术品与工艺品之间并非是相互排斥的关系，但是，艺术品绝不仅仅是达成目的的一种手段。

观念论还比较了真正的艺术和娱乐艺术（仅仅为了娱乐大众或引起某些特定情感的艺术）。真正的艺术没有目的：其目的就是它本身。而娱乐艺术则是一种工艺，因此要低于真正的艺术。同样，纯宗教艺术也有特定目的，所以也是一种工艺。

艺术观念论的反证

陌生感

观念论的主要反证是其带来的陌生感。观念论主张，艺术品只是艺术家心中的想法而非实体物质，这意味着，我们在艺术馆所看到的一切，都只不过是艺术家真正作品的痕迹而已。虽然在文学和音乐作品等没有实体的艺术品中，这种观点或许更有说服力，但是，它仍然令人难以接受。

太狭隘

观念论的第二个反证是其狭隘性：按照观念论，许多公认的艺术品都会被归为工艺而非真正的艺术。许多肖像画著作都是为了记录其所绘人物的形象；许多伟大的戏剧作品也都是为了娱乐大众。但是，难道我们能说，因为这些作品是以特定目的为前提而创作的，所以它们就不是真正的艺术品了吗？还有传统艺术之一的建筑学：大多数建筑都是为了特定目的而建造的，那么根据观念论，它们也都称不上是艺术品了。

艺术制度论

艺术制度论是当代哲学家乔治·迪基（1936—　）等最近所做的一次尝试，旨在解释为何戏剧《麦克白》、贝多芬的《第五交响曲》、一堆砖块、一个标着"喷泉"的小便池、T. S. 艾略特的诗集《荒原》、乔纳森·斯威夫特的《格列夫游记》、摄影师威廉·克莱恩的摄影作品等千差万别的事物都能被称为艺术品。制度论认为，所有的这些事物都有两个共同点。

首先，这些作品都是人工制品：它们在一定程度上都是由人类所创作的。"人工制品"在这里的用法相当模糊：如果一块浮木被人从海边捡起摆在艺术展厅里，那它也能看作一个人工制品。把这块浮木摆在展厅里，吸引人们用特定的方式来看待它，就算是在"创作"它。实际上，这种人工制品的定义太模糊了，所以基本没什么信息价值。

其次，更重要的是，它们都被艺术界的某位或某些成员赋予了艺术品的地位，比如艺术馆馆长、出版商、制作人、指挥或艺术家。在每一种情况中，都有某个拥有适当权威的人将这些事物洗礼为了艺术品。他或她授予了这件人工制品以"可供欣赏的候选资格"。

这样看来，艺术品似乎只是那些被特定人群称为艺术品的东西。这听起来好像是个循环论证，实际上也差不多。不过，艺术界的成员并不需要真的通过某种命名仪式，来将某物命名为艺术品，他们甚至也不需要真的将其"称"为艺术品：这些人只需要做出一种对待艺术品的态度就够了。因此，根据制度论，我们社会中的一些人或组织具有将任何人工制品变为艺术品的能力，他们只需要做出某种"洗礼"的行为，这种行为可能是将某物"称"为艺术品，但更多的可能是出版、展览或表演某个作品。艺术家本人也可以是艺术界的一员。这个精英阶层的所有成员都拥有堪比迈达斯国王的能力，能够点物成金。

艺术制度论的反证

无法区分好艺术和坏艺术

有观点认为，制度论会使最自命不凡和最肤浅的事物成为艺术品，因此是个拙劣的艺术理论。如果我是艺术界的一员，我甚至能让自己左脚的鞋子成为艺术品，只要把它放在艺术馆展览就行了。

的确，制度论几乎让所有事物都具有了成为艺术品的可能。将某物洗礼为艺术品并不能说明它的好或坏，这只是一个分类行为：将它归入我们所称为艺术品的一类东西。但是，"艺术品"一词的用法并不仅仅是分类，我们还经常用它来表示某物优于其同类。有时，我们还会用"艺术"一词来打比方，称赞某个根本不是艺术品的东西，比如我们会说，"那个蛋卷真是个艺术品"。制度论完全未提及 "艺术"一词的这种评价用法，其所主张的是所有艺术品的共同点，无论这些艺术品是好的、坏的，还是一般的。制度论中的"艺术"只具有分类意义。从这方面来看，说艺术界的成员拥有迈达斯的"金手指"并不恰当：金子是可估价的，但制度论认为艺术品根本没有价值这回事。

　　然而，大多数问"艺术是什么"的人不光好奇什么是艺术，还想知道为什么我们认为某些事物的价值要比其他事物更高。有意义形式理论和艺术观念论在某种程度上都认为艺术是可评价的：根据这两种理论，将某物称为艺术品就表示它在某种意义上是好的，要么是因为它具有"有意义形式"，要么是因为它是某种情感的真实艺术表达。然而，制度论并不准备解释艺术的评价问题，它对于何为艺术的态度极为开放。有人认为这是制度论的最大优点，另一些人则认为这是它的最大缺陷。

循环性

　　许多人都觉得制度论是个循环论证。其最基本的理念似乎是在说，任何由特定人群，即艺术界成员所选择为艺术的东西就是艺术。但同时，这些人成为艺术界成员的原因是他们具有授予某物以艺术品地位的能力。"艺术品"和"艺术界成员"是相互定义的。

　　制度论的拥护者可能会指出：虽然存在循环之处，但制度论不是一个*恶性*循环的理论，它并不像上段话所总结的那样提供不了任何信息。制度论的拥护者可以就信息这一点举出大量例子：艺术世界的本质、运作方式，以及其历史。不过，该理论的信息价值的确比不上大多数理论，部分原因是它未能给出解释，为何一个艺术界的成员会选择授予这件，而不是另一件人工制品以艺术品的地位。

艺术界所使用的标准是什么？

当代艺术哲学家、作家理查德·沃尔海姆（1923—2003）对制度论所作的反证或许最有说服力：即便我们同意艺术界的成员有权力使任何人工制品成为艺术品，他们也必须有选择一些，而非另一些人工制品的理由。如果他们的行为背后没有任何逻辑，那我们为什么会对艺术的类别感兴趣呢？如果他们确实有理由，那么这些理由就是决定某物是否为艺术品的标准。分析这些理由要比分析空洞的制度论有趣得多，而且还能提供更多信息。如果我们能识别出这些理由，那也就不需要制度论了。

不过，制度论至少提醒了我们，使一个东西成为艺术品的是文化，它取决于特定时代的社会制度而非某种永恒的标准。近来，关于艺术定义的理论已经倾向于强调历史。

艺术和进化

一些哲学家已经开始从更长远的历史视角来思索什么是

艺术。通过回顾人类最长的演化期——更新世，他们认为：艺术源自本能，而艺术的生物学起源则阐明了何为艺术，以及艺术为什么对人类文化如此重要。比如，丹尼斯·达顿（1944—2010）在其著书中表示，"艺术本能"是一种普遍现象，这种普遍现象解释了为什么描绘起伏的山丘、流水和树木的风景画会受到大众的广泛喜爱：这是因为这些作品描绘了适宜早期人类生活的环境。在现实生活中，这样的环境更有利于生存，因此，人类在更新世漫长的演化中，进化出了喜爱这种景色的本能。

进化理论也能解释，为什么人们会对无实用价值的艺术家及艺术品予以极高的评价，它们就像是雄孔雀的尾巴——一种显示其拥有者/创造者精力充沛、技艺超群的炫耀物。雄孔雀的大尾巴是个累赘，它会让雄孔雀更容易被捕猎者抓住，但同时，尾巴也能向潜在的配偶发出信号：它的主人既健康又强壮。同样，创造艺术品的行为没有直接的实用目的，但是其创造者却能借此展现出自己的精湛技艺。正如精致的大尾巴能为雄孔雀赢得求偶优势一样，艺术家和他们无实际用途的行为也是如此。

进化艺术理论的反证

其他解释

艺术在许多文化中都是共通的，这有一定的生物学道理，但是，实际的遗传选择过程却可以有很多解释，并且其合理性都不亚于上文所举出的那一种。比如，仍以上文的问题为例：人们为何会喜爱起伏的山丘、流水和树木之类的风景？其原因可能是环境的宜居性，但也可能是起伏的山丘让了人们联想起了母亲胸脯的曲线。或许，在我们本能的（或习得的）认知中，胸脯的曲线与哺乳相连，而我们之所以会欣赏风景中的曲线，就是因为这种认知的延续。关于人类为何会产生特定本能的解释还有很多，我们无法决定哪种解释更好。不过，这并不是在否定遗传因素对人类艺术鉴赏的影响，只是在对产生这些影响的具体解释提出质疑。

艺术批评

关于艺术的哲学讨论还有另一个重要领域，其所关注的是各种艺术评论的方法以及合理性，其中的一个核心议题就是，艺术家所声明的创作意图在多大程度上与对艺术品的批评和解读相关。

反意图主义

反意图主义认为，我们必须只关注作品本身所体现出的意图。真正的批评解读行为与任何从日记、艺术家采访、艺术宣言等材料中收集到的信息都不直接相关。这些信息更应该被用来研究艺术家的心理。心理研究本身也是一个有趣的学科，它能告诉我们许多关于作品起源的故事。但是，作品的起源不应与作品的意义相混淆。艺术批评应该只关注来自艺术品*内部*（其本身包含）的证据，而艺术家关于自己脑中想法的个人表述是艺术品之外的东西，所以与真正的艺术批评无关。评论家威廉·威姆萨特（1907—1975）和门罗·比尔兹利（1915—1980）于20世纪40年代发文，提出了"意图谬误"的概念，这一术语常被反意图主义者用来表示所谓依赖于外部证据的错误。

反意图主义观点为细读文学作品，以及详细分析其他艺术品提供了理由，其理论依据是，艺术品在某种程度上来说是公开的，所以一旦艺术家完成了对该作品的创作，他们解读自己作品的途径也就和其他人一样，并无更多优势。

后来，罗兰·巴特（1915—1980）等人提出了一种类似的比喻式说法：作者之死。该说法的部分意思是，一旦某个文学作品被出版，该作品就是由读者来解释的了：作者不享有解释的特权。这种观点使得作品比作者更重要，从而提高了评论家的地位。作品的意义取决于读者的解释而非作者的意图。因此，反意图主义的观点其实是在主张，作品的哪些方面与评论家对其所作的评价相关。

反意图主义的反证

错误的意图观

反意图主义的反证之一认为，这一理论基于错误的意图观。它将意图看作某种总是在事前发生的精神事件，但实际上，许多哲学家都相信，意图通常是包含在我们做事的过程中的：意图与行为无法明确分割。比如，当我开灯时，我不一定非要在伸手够开关前产生一个精神事件：这个精神事件可能与我伸手的行为同时发生，而我伸手够开关的这一行为就体现了我的意图。

不过，这种反证并不十分有力，因为反意图主义者所反对的不只是将意图，而是将艺术品之外的任何东西作为艺术批评的基础。如果某个意图的确体现在了作品中，那么反意图主义者也会将其欣然接受为艺术批评的相关因素。

反讽

另一个更有说服力的反证是，诸如反讽等艺术形式需要理解作者的意图，而在很多情况下，这些意图都是属于作品之外的。

反讽是指说或描绘某件事，但实际意思却与之相反。比如，当一个朋友说"天气真好"时，我们没法单从这句话看出，他是真的觉得天气很好，还是带着讽刺的意味。搞清其真实意思的一个办法是看他说话时的背景——比如那天是否下着瓢泼大雨？此外，我们还能注意他说话的语气。但是，如果上述两种办法都不能揭示他的真实意图，那么还有一个显然的办法：去问问他说这话是什么意思。换言之，求助于外部的意图。

在某些反讽艺术中，艺术品的外部证据在辨明其意义时非常有用。完全否定这种作品信息的来源似乎并不合理。对此，反意图主义者可能会这样反驳：如果对作品本身的详尽分析不足以揭示其讽刺意义，那么这一讽刺意义也就无关于艺术批评，因为艺术批评只考虑公开的内容。需要依赖于外部的艺术家的意图才能被理解的讽刺就像是个密码，也不怎么重要。

对艺术批评的看法太过狭隘

反意图主义的第三个反证认为，反意图主义对艺术批评的看法太过狭隘。好的艺术批评应该利用一切可利用的证据，无论这些证据是来自作品的内部还是外部。提前给评论家定好条条框框，告诉他们只能用哪类证据来支持艺术批评，是对评论家的过度限制。

表演、解读和本真

艺术表演可能会引起类似于艺术批评实践中的哲学难题。每场表演都是一次对作品的解读。解读早期艺术作品所面临的困难尤其多。在这里，我将以前几个世纪的音乐作品为例，但类似的论证也可应用于其他方面，比如意在准确还原历史上的莎士比亚戏剧的表演。

表演中的历史真实性

近年来，音乐家一直致力于演奏出历史真实的音乐，相关音乐会和唱片的数量也大幅增加。这通常意味着，音乐家们会使用作品创作年代的乐器，而非现代的乐器来进行演奏。比如，一场试图还原历史真实的巴赫《勃兰登堡协奏曲》的管弦乐队不会使用现代乐器，而是会使用巴赫时代的乐器来进行表演，并且真实地还原出这种乐器的特色音调和局限。同时，乐队指挥也会尽可能多地查询历史资料，以了解巴赫时代的典型演奏节奏和风格。这场表演的目的就是尽可能真实地重现巴赫的第一批听众所听到的音乐。

上述表演肯定会引起音乐史学家的极大兴趣，但是，这也引出了许多重要的哲学问题。这些对于艺术作品的不同演绎方式有无高下之分？以"真实的"一词来描述这些表演似乎就是在说，现代乐器"不够真实"："真实的"表演似乎有着某些重要的优越之处。那么，音乐演奏应该致力于还原这种历史真实吗？对于这一点，有不少反对观点。

表演中的历史真实性的反证

时空旅行的幻想

反对"真实"表演的观点之一认为，我们永远做不到还原历史真实的表演。这种行为源于一种天真的动机，认为我们可以穿越时空回到过去，听到作曲家当时所听到的音乐。但是，"真实的"表演者们忘记了，尽管我们可以成功制造出过去的乐器，但却无法抹掉自那以后的音乐创作和演奏。换言之，我们永远无法重现"历史真实"的观众体验。我们知道自巴赫时代以来的重要音乐发展；熟悉以现代技巧、用现代乐器演奏出的音乐；我们听过无调音乐，并且知道现代钢琴的声音比大键琴的好听。因此，巴赫音乐对于现代和过去听众的意义完全不同。

过分简化对音乐的解读

另一个反对追求历史真实表演的观点认为，这过分简化了对音乐的解读。它使得对表演好坏的评判完全取决于其真实性，而非其他相关的艺术性考虑，因此严重地限制了表演者对乐谱进行创造性诠释的可能。这种做法更像是建造了一座音乐表演的博物馆，而不是为新时代的表演者提供可能，让他们有机会将作曲家的作品，与音乐史，以及历史上对该作品的各种解读结合起来，从而创作出富有挑战性的全新解读。

遗漏作品精神

过分关注历史真实会影响我们对音乐的诠释。一个将重点放在还原历史上的表演者很可能会遗漏作品的真正精神：比起单纯地重现原声，旨在抓住作品精神的细腻解读更值得称道。这是一种不同的真实：是一种解读的真实，在这里，"真实"一词指的是某种"艺术真诚"，而非单纯的历史准确性。

赝品和艺术价值

由真实性引出的另一个哲学问题是，原作是否比赝品具有更高的艺术价值。我在这里只讨论绘画作品，但是，任何有实体的艺术品都可以有赝品：比如雕塑、版画、照片等等。小说、诗歌和交响曲的复制品不是赝品，但原始手稿可以伪造，模仿某位作家或作曲家风格而创作的作品也是赝品。

首先，我们需要区分赝品的不同类型，其中两种最基本的类型是完美复制品和模仿著名艺术家风格的创作品。和原作一模一样的《蒙娜丽莎》属于第一种类型；艺术伪造者汉·范米格伦以弗美尔风格创作的画作则属于第二种类型——这种赝品没有原作。实际上，范米格伦的作品骗过了许多专家。显然，只有戏剧、小说或诗歌的手稿才能以上述第一种方式被伪造。相较之下，第二种类型的赝品，比如伪造的莎士比亚戏剧，则需要由擅于模仿作家风格的人来创作。

赝品本身是否应该被视为重要的艺术作品？如果赝品足够逼真到能让专家也以为这是原画家的作品，那么其伪造者的艺术技巧显然已达到了原画家的水准，因此，他们也就应该得到与原画家同等的待遇。关于这种看法，正反面的论证都有一些。

价钱、势利和遗物

或许，艺术界的金钱考虑，即对画作价格的痴迷，是人们更看重真品而非完美赝品的唯一原因。如果每幅作品都只有一幅赝品，那么艺术拍卖家也会将每幅赝品都当作独一无二的作品来进行高价拍卖。这有时也被称为"苏富比效应"，取名自著名的艺术拍卖行苏富比。如果一幅画有很多件复制品，那么每幅复制品的价格都会下降，特别是当原件和复制品之间没什么区别的时候。这实际上就使得绘画作品和印刷品一样了。

又或许，除了艺术界的金钱考虑，艺术收藏家们的势利心态也会使他们强调原作比复制品更好。收藏家们喜欢拥有独一无二的东西：对他们而言，拥有康斯特勃的原作比拥有一件完美的复制品更重要，但这只是为了势利的虚荣心，而非画作的艺术价值。

人们渴望拥有原作的另一个动机是，将这些作品看作了遗物。遗物的魅力在于其历史：真十字架（耶稣被钉的十字架）比起其他无法区分的木头来说有着独特的魅力，因为人们相信这块十字架是真实接触过耶稣的身体的。同样，人们之所以会看重一幅梵高的真迹，也可能是因为这是这位伟大画家真实触碰，关心并付出精力的作品。

价钱、势利的虚荣心以及作为遗物的价值都跟艺术价值没什么关系。跟价钱有关的是稀有性、收藏家变幻的喜好及艺术商的操控；跟势利有关的是社会竞争；而作为遗物的价值则是心理层面的东西，是关于我们对待作品的态度。如果上述三种理由就是人们普遍更看重原作而不是其复制品的原因，那么或许复制品的确拥有与原作同样重要的艺术价值。不过，这种观点存在几个有力的反证。

完美赝品

更看重原作而不是完美赝品的一个理由是，我们永远无法确认这件赝品是否真那么完美。一件梵高画作的赝品或许能骗过当代的专家，但是它未必能骗过未来的专家。如果赝品和真作的差距有可能在未来变得可见，那么我们永远都无法确定，当下的某件赝品就是完美的。所以，就算我们相信，完美赝品有着和原作同等的艺术价值，但在任何一个实际例子中，我们都没法确定这件赝品是否真的就和原作一模一样。

值得提出的是，这种可能会在未来被发现的差别一般而言都很小，因此不太可能会从根本上改变人们对该画作的艺术价值的看法。

艺术品和艺术家

就算某人能够创作出一幅和原作无法区分的赝品，比如说塞尚的画作，但这位伪造者的成就也不可能与塞尚的成就相提并论。塞尚的成就不仅是创作了一幅单独的画，而是在于他独创了一种绘画风格，开启了一个新的流派。塞尚的原创性是其成就的一部分，他一生中所创作的不同画作都在帮助我们理解他所塑造的每一个形象。只有将他的每一幅画都放入他全部作品的背景中，我们才能真正欣赏到他的艺术成就。

虽然这位伪造者的艺术技巧或许和塞尚不相上下，但塞尚的成就不应只被看作一个工匠的技巧。照搬塞尚画作的伪造者永远不可能像塞尚一样具有原创性，所以也永远不可能成为一位伟大的画家。

如果是模仿塞尚的风格所创作的某件赝品（第二种类型的赝品），而非对原作的完全复制，那么，将这种赝品的艺术价值与塞尚的画作相比或许更合理些。但即便如此，这位伪造者也仅仅是在模仿，而不是在创造某种风格。然而，比起模仿者的技巧，我们往往更看重原画家的独创性。独创性是艺术价值的一个重要考量因素。

上述论证说明，我们不应该仅仅因为某位伪造者有能力创作出逼真的赝品，就将他或她等同于原艺术家。不过，如果是第一种类型的赝品，那么在这种情况下，我们仍然可以通过复制品欣赏到塞尚的艺术价值。所以，这并不是一个关于赝品艺术价值的论证，而是一个关于伪造者的艺术价值的论证。复制品让我们看到的是塞尚的伟大，而不是伪造者的伟大。

道德论证

赝品的真正错误在于，其本意就是欺骗观赏者相信这是真迹。没有欺骗意图的赝品也不会被称为赝品：那只是一个复制品，或者是模仿另一位艺术家风格的绘画实验，即仿品。赝品价值低于原作的部分原因就是其中包含着的欺骗意图——这等同于撒谎。不过，我们或许应该将道德问题和艺术问题区分开：即便一个赝品具有欺骗性，它也可能仍是个令人赞叹的艺术品。

结 论

在本章中，我们讨论了从艺术的定义，到赝品的审美价值等一系列关于艺术和艺术批评的哲学问题。许多艺术家、评论家和爱好者对艺术的谈论都是混乱且不合逻辑的。在这一领域应用哲学的严谨逻辑并坚持清晰的论证将大有裨益。虽然清晰的论证并不能保证能为这些难题找到令人信服的答案，这一点在所有哲学领域都是一样，但这的确能够提高我们找到答案的概率。

❀ 延伸阅读

关于艺术哲学的入门，我推荐三本书籍：科林·莱亚斯所著的《美学》（伦敦：劳特利奇出版社，1997）、诺埃尔·卡罗尔所著的《艺术哲学：当代导论》（伦敦：劳特利奇出版社，1999）和戈登·格雷厄姆所著的《艺术哲学：美学简介》（第二版，伦敦：劳特利奇出版社，2000）。我本人所著的《艺术问题》（伦敦：劳特利奇出版社，2003）重点讨论了艺术定义。马修·基兰所著的《揭秘艺术：艺术为何重要》（伦敦：劳特利奇出版社，2004）内容有趣且易懂。由杰尔罗德·莱文森编著的《牛津美学手册》（牛津：牛津大学出版社，2003）是一本全面的艺术哲学参考书，书中为进一步的阅读提供了详细建议。丹尼斯·达顿所著的《艺术直觉》（牛津：牛津大学出版社，2009）试图以生物学起源来解释普遍的艺术直觉，内容生动且可读性强。

亚历克斯·尼尔和艾伦·雷德利共同编著的《艺术争论》（第三版，伦敦：劳特利奇出版社，2007）是一本很好的讨论当代艺术哲学问题的选集，他们还编著了另一本综合性更强的选集：《艺术哲学：古今选集》（纽约，麦格劳－希尔出版社，1995）。史蒂文·M.卡恩和艾伦·梅斯金共同编著的《美学：综合文集》（牛津：威利－布莱克威尔出版社，2007）也是一本佳作。

泰瑞·伊格顿所著的《文学理论导引》（牛津：布莱克威尔出版社，1983）对文学哲学的一些进步做了有趣的研究，不过他更侧重于欧洲大陆，而非盎格鲁－美利坚传统的理论。

尼古拉斯·肯扬所编著的《真实性和早期音乐》（牛津：牛津大学出版社，1988）是探讨早期音乐真实性的一本好书。丹尼斯·达所顿所编著的《伪造者的艺术》（加利福尼亚州伯克利：加利福尼亚大学出版社，1983）是一本讨论赝品价值的选集，内容引人入胜。

术语表

A

Abduction	溯因
Act Utilitarianism	情境功利主义
Afterimage	后像
Afterlife	死后生命
Agnosticism	不可知论
Animal experience	动物体验
Animal suffering	动物的痛苦
Animal welfare	动物福祉
Anthropic Principle	人择原理
Anti-intentionalism	反意图主义
Anti-naturalists	反自然主义者
Applied Ethics	应用伦理学
Argument from Analogy	类比论证
Art Critism	艺术批评
Atheism	无神论

B

Behaviourism	行为主义
Belief	信念，信仰
Bourgeois democracy	资产阶级民主

C

Capital punishment	死刑
Cartesian dualism	笛卡尔二元论
Categorical Imperatives	定言令式
Causal Realism	因果实在论
Christians	基督教徒
Christian ethics	基督教伦理理论
City-state	城邦国家
Civil Disobedience	公民不服从
Commitment to democratic principles	忠于民主原则
Common-sense Realism	常识实在论
Conscious experience	意识体验
Consequentialist	结果论
Creationists	创世论者
Critism/Objection	反证

D

Darwinism	达尔文主义

Democracy	民主、民主国家、民主制度
Direct democracy	直接民主
Doctrine of the Fall	人类堕落学说
Dualism	二元论
Duty-based moral theory	义务道德理论
Duty-based theories	义务论

E

Egalitarians	平等主义者
Emotivism	情绪主义
Empirical arguments	经验论证
Empirical observation	经验观察
Epiphenomenalism	副现象主义
Epistemology	知识论
Ethics	伦理学
Ethical Naturalism	伦理自然主义
Euthanasia	安乐死
Evolutionists	进化论者
Experiments of living	人生试验

F

Faith	信仰

Falsificationism	证伪主义
Family resemblance	家族相似性
First-order theories	一阶理论
First-past-the-post system	领先者当选制
Functionalism	功能主义

G

Golden Rule of Christianity	基督教黄金法则
Governmnet by the people	民治

H

Hedonism	享乐主义
Hindu	印度教
Hitler's extermination techniques	希特勒的灭绝技术
Hume's Law	休谟法则
Hypothetical duties	假定义务

I

Idealism	唯心论
Incompetence culpable	无能有罪
Inference to the Best Explanation	最佳解释推理
Inner life	内在生命
Introspection	自省

In Vitro Fertilization	体外受精
Involuntary euthanasia	非自愿安乐死

J

Jews	犹太教徒

K

Kantian ethics	康德伦理理论

L

Logical Argument	逻辑论证
Lucid dreams	清醒梦

M

Marxists	马克思主义者
Maxim	格律
Mental set	心理定式
Mercy killing	怜悯杀人
Meta-ethics	元伦理学
Metaphysical assumption	形而上学假设
Mind	心灵
Mind/Body Dualists	心 / 物二元论者
Mind/Body Parallelism	心 / 物平行论

Mind substance	心灵物质
Monarchy	君主制
Moral goodness	道德善
Morality	道德
Moral Relativism	道德相对主义
Moral Theory	道德理论
Muslims	伊斯兰教徒

N

Naturalism	自然主义
Negative freedom	消极自由
Negative utilitarianism	消极功利主义
Neo-Aristotelianism	新亚里士多德主义
Non-practical interest	非实用兴趣
Non-voluntary euthanasia	无意愿安乐死
Normative relativism	规范相对主义

O

Observation statement	观察命题
Occasionalism	偶因论
Oligarchy	寡头制
Ordinary utilitarianism	传统功利主义
Other minds	他心

P

Panpsychism	泛心论
Paradigm	范式
Phenomenalism	现象论
Philosophy of art	艺术哲学
Physicalism	物理主义
Physicalists	物理主义者
Positive freedom	积极自由
Practising scientists	全职科学家
Pre-science	前科学
Priori argument	先验论证
Probabilism	盖然论
Problem of Induction	归纳问题
Problem of Other Minds	他心问题
Pseudo-scientific	伪科学
Psychoanalysis	精神分析学

R

Representative Democracy	代议民主
Representative Realism	表象实在论
Retributivism	应报理论
Reverse discrimination	逆向歧视

S

Scientific methodology	科学方法
Scientism	科学主义
Second-order questions	二阶问题
Slippery Slope Argument	滑坡谬误
Solipsism	唯我主义
Sotheby's Effect	苏富比效应
Speciesism	物种歧视
Supervenience	随附性

T

The argument from miracles	神迹论
The Boo/Hooray Theory	好 / 不好理论
The Book of Genesis	创世记
The Civil Rights Movement	非裔美国人民权运动
The Design Argument	设计论
The Divine Watchmaker	神间表匠
The Experience Machine	体验机器
The Fine Tuning Argument	微调论
The First Cause Argument	第一原因论
The Free Will Defence	自由意志辩护
The Gambler's Argument	赌徒论

The Greatest Happiness Principle	最大幸福原则
The History of Ideas	思想史
The Idealist Theory	艺术观念论
The Illusion Argument	错觉论
The inanimate world	无生命世界
The Institutional Theory	艺术制度论
Theism	有神论
The Judaeo-Christian God	犹太 - 基督教上帝
The Mind/Body Problem	心物问题
The Mind/Brain Identity Theory	心 / 物同一理论
The Naturalistic Fallacy	自然主义谬误
The New Testament	新约
Theodicies	神义论
Theologians	神学家
The Ontological Argument	本体论
The Open Question Argument	公开质疑的论点
The Pleistocene Period	更新世
The Principle of Universalizability	可普遍化原则
The Principle of Utility	功利原则
The Private Language Argument	私人语言论证
The Problem of Evil	罪恶问题
The Resurrection	耶稣复活
The Significant Form Theory	有意义形式理论

The Ten Commandments   十诫

Thought experiment   思想实验

Token-identity Theory   殊型同一论

Totalitarian regime   极权主义政权

True by defination   定义的真实

True Cross   真十字架

Truth-preserving   真值保存

Type-Identity Theory   类型同一论

U

Universal Declaration of Human Rights   世界人权宣言

Universal statement   全称命题

Utilitarianism   功利主义

V

Virtue-based theories   德性论

Voluntary euthanasia   自愿安乐死

Y

Yeti   天堂

相关书籍

B

《波普尔》 *Popper*

《布莱克威尔哲学伴侣》 *The Blackwell Companion to Philosophy*

C

《沉思录》 *Meditations*

《持怀疑态度的女权主义者》 *The Sceptical Feminist*

《从 A 到 Z 的悖论》 *Paradoxes from A to Z*

《从 A 想到 Z》 *Thinking from A–Z*

《从〈理想国〉到〈正义论〉》 *Philosophy: The Classics*

《存在与虚无》 *Being and Nothingness*

《存在主义和人道主义》 *Existentialism and Humanism*

D

《当代道德哲学》 *Contemporary Moral Philosophy*

《当代政治哲学入门》 *Contemporary Political Philosophy: An*

《道德哲学的元素》 *The Elements of Moral Philosophy*

《道德哲学家》 *The Moral Philosophers*

《导致死亡和拯救生命》 *Causing Death and Saving Lives*

《笛卡尔：第一哲学沉思集》 *Descartes: Meditations on First Philosophy*

《动物的对与错》 *Animal Rights and Wrongs Introduction*

《动物伦理学文集》 *The Animal Ethics Anthology*

G

《告别上帝》 *Taking Leave of God*

《功利主义及其批评者》 *Utilitarianism and its Critics*

《功利主义：赞成与反对》 *Utilitarianism: For and Against*

J

《极限》 *The Outer Limits*

《机械心灵》 Mechanical Mind

《简明英语》 Plain English

《揭秘艺术：艺术为何重要》 *Revealing Art: Why Art*

Matters

《聚焦公民不服从》 *Civil Disobedience in Focus*

K

《科学哲学的历史简介》 *A Historical Introduction to the Philosophy of Science*

《科学哲学：极简介绍》 *Philosophy of Science: A Very Short Introduction*

L

《劳特利奇哲学百科全书》 *The Routledge Encyclopedia of Philosophy*

《伦理学伴侣》 *A Companion to Ethics*

《伦理学中的批判性推理》 *Critical Reasoning in Ethics*

《伦理学：发明对与错》 *Ethics: Inventing Right and Wrong*

《伦理学：极简介绍》 *Ethics: A Very Short Introduction*

《论文写作基础》 *The Basics of Essay Writing*

《论证规则手册》 *A Rulebook for Arguments*

《论自由》 *On Liberty*

M

《美学》 *Aesthetics*

《美学：综合文集》 *Aesthetics: A Comprehensive Anthology*

《密尔论功利主义》 *Mill on Utilitarianism*

《民主》 *Democracy*

N

《你的第一本哲学书》 *What Does It All Mean?*

《尼各马可伦理学》 *Nicomachean Ethics*

《牛津美学手册》 *The Oxford Handbook of Aesthetics*

P

《批判性思维：入门》 *Critical Thinking: An Introduction*

《批判性推理》 *Critical Reasoning*

Q

《企鹅经典：乔治·奥威尔文集》 *The Penguin Essays of George Orwell*

R

《人类和其他动物：简介及解读》 *Humans and Other Animals: An Introduction with Readings*

《人类理智研究》 *Enquiry Concerning Human Understanding*

《人性论》 *Treatise Concerning Human Nature*

S

《善恶的彼岸》 *Beyond Good and Evil*

《上帝错觉》 *The God Delusion*

《上帝为何不会消失：直面新无神论》 *Why God Won't Go Away: Engaging with the New Atheism*

《什么是科学？》 *What Is This Thing Called Science?*

《实践伦理学》 *Practical Ethics*

《时下哲学》 *Philosophy Now*

《思考》 *Think*

《苏格拉底对话录》 *Socratic Dialogues*

T

《通俗易懂的话》 *The Complete Plain Words*

W

《伟大的哲学家》 *The Great Philosophers*

《伟大的政治思想家》 *Great Political Thinkers*

《伪造者的艺术》 *The Forger's Art*

《文学理论导引》 *Literary Theory: An Introduction*

《无神论：入门简介》 *Atheism: A Very Short Introduction*

《无政府、国家与乌托邦》 *Anarchy, State and Utopia*

《物种起源》 *The Origin Species*

X

《西方哲学选集》 *Western Philosophy: An Anthology*

《现代心灵哲学》 *Modern Philosophy of Mind*

《写给基督教国家的信》 *Letter to a Christian Nation*

《心灵的我》 *The Mind's I*

《心灵和身体》 *Mind and Body*

《心灵哲学入门》 *Philosophy of Mind: An Introduction*

《信仰之海》 *The Sea of Faith*

《行善》 *Being Good*

Y

《意识介绍》 *Introducing Consciousness*

《艺术》 *Art*

《艺术原理》 *The Principles of Art*

《艺术问题》 *The Art Question*

《艺术哲学：当代导论》 *Philosophy of Art: A Contemporary Introduction*

《艺术哲学：古今选集》 *The Philosophy of Art: Readings Ancient and Modern*

《艺术哲学：美学简介》 *Philosophy of the Arts: An Introduction to Aesthetics*

《艺术争论》 *Arguing About Art*

《艺术直觉》 *The Art Instinct*

《英国的经验主义者》 *The British Empiricists*

《应用伦理学》 *Applied Ethics*

《有神论的奇迹》 *The Miracle of Theism*

《游叙弗伦篇》 *Euthyphro*

《语言，真理和逻辑》 Language, Truth and Logic

《阅读政治哲学：从马基雅维利到密尔》 *Reading Political Philosophy: Machiavelli to Mill*

Z

《查拉图斯特拉如是说》 *Thus Spake Zarathustra*

《哲学：超简入门》 *Philosophy: A Very Short Introduction*

《哲学词典》 *A Dictionary of Philosophy*

《哲学档案》 *The Philosophy Files*

《哲学：基本读物》 *Philosophy: Basic Readings*

《哲学家杂志》 *The Philosophers' Magazine*

《哲学健身房》 *The Philosophy Gym*

《哲学石块》 *Philosophy Rocks*

《哲学体操：25个短小思考冒险》 *The Philosophy Gym: 25 Short* Adventures in Thinking

《哲学问题》 *The Problems of Philosophy*

《哲学：学习指南》 *Philosophy: The Essential Study*

Guide

《哲学研究》 *Philosophical Investigations*

《真实性和早期音乐》 *Authenticity and Early Music*

《争辩无神论》 *Arguing for Atheism*

《正义：什么是正确的事？》 *Justice: What's The Right Thing to Do?*

《政治哲学入门》 *Political Philosophy: An Introduction*

《知识理论指南》 *A Guide Through the Theory of Knowledge*

《知识问题》 *The Problem of Knowledge*

《自然科学哲学》 *Philosophy of Natural Science*

《自然宗教对话录》 *Dialogues Concerning Natural Religion*

《自由》 *Liberty*

《自由：简介及解读》 *Freedom: An Introduction with Readings*

《自由言论：极简入门》 *Free Speech: A Very Short Introduction*

《宗教哲学导论》 *An Introduction to the Philosophy of Religion*

《宗教哲学：批判导论》 *The Philosophy of Religion: A Critical Introduction*

《宗教自然史和对话录》 *Dialogues and Natural History of Religion*